普 通 高 等 学 校 公 共 课 教 材

大学教学技能精进教程

邢红军 编著

清华大学出版社
北 京

图书在版编目（CIP）数据

大学教学技能精进教程 / 邢红军编著 . — 北京：清华大学出版社，2017（2024.2重印）
ISBN 978-7-302-48645-9

Ⅰ.①大… Ⅱ.①邢… Ⅲ.①高等学校－教学技术－教材 Ⅳ.① G424

中国版本图书馆 CIP 数据核字（2017）第 262215 号

责任编辑：王如月
封面设计：傅瑞学
责任校对：王荣静
责任印制：丛怀宇

出版发行：清华大学出版社
    网 址：https://www.tup.com.cn，https://www.wqxuetang.com
    地 址：北京清华大学学研大厦 A 座   邮 编：100084
    社 总 机：010-83470000   邮 购：010-62786544
    投稿与读者服务：010-62776969，c-service@tup.tsinghua.edu.cn
    质量反馈：010-62772015，zhiliang@tup.tsinghua.edu.cn
印 装 者：三河市铭诚印务有限公司
经 销：全国新华书店
开 本：170mm×230mm   印 张：13   字 数：161 千字
版 次：2017 年 12 月第 1 版   印 次：2024 年 2 月第 6 次印刷
定 价：39.00 元

产品编号：076589-01

序 | 强中自有强中手
Preface

师之大者，举重若轻；师者贵者，恬然悠然。这是我在上完邢红军老师主讲的"大学教学技能"课程后，最想表达的感受。

面对好几百人的超级大课堂，邢老师能将这样一门貌似枯燥乏味的课程，讲得如此吸引人，是我一开始怎么也没想到的。第一次上课，我带过去的闲书基本上一页没翻，完全被邢老师独具魅力的教学方式、诙谐幽默的教学风格所深深吸引，不知不觉已上完三天24个学时的课程，期间收获良多。直至这门课结束的一刹那，我才顿然觉得，以后可能再也没有机会聆听睿智的邢老师讲课了，心中不免产生一种莫名的失落。

邢老师授课，无形之中已上升到人生的哲学高度。这种高度脱离了乏味的说教，又恰到好处地将其蕴含在他那睿智风趣的玩笑逗乐之中，反而增加了其思想深度，令人不得不陷入沉思。他讲授"大学教学技能"，更像是在传达他对人生的感悟，以及对社会意识形态的辩证思考。"一当上领导，就不知他自己是谁了，整个楼道都走不下他了，"以鲁迅先生辛辣的口吻，深刻揭示出了周围无知之人的官态；"某某老师把讲台当作展示自己的舞台，时刻关注自己的风度，镜头感十分强烈，笑容有点过，"则抨击了当下浮躁社会风气下一些所谓的明星老师，全然背离了育人育德的基本职业规范，甘当娱乐大众的跳梁小丑；"到死都没评上一个副教授"，则从反面高度褒奖了晏才宏老师超脱于名利之上、一心承担教书育人重任的高尚情操，试问现在的教授们又有几人能像晏老师那样深受学生爱戴呢？"林清玄先生的演讲已超出了我们所探讨的教学技巧"，这样的评论折射出了邢老师所推崇的终极教学方式，恰似老子所言："上善若水，水善利万物而不争……因其无有，故能入于无间，由此可知不言之教、无为之益也。"是啊，教师忘了自己是谁，才能让下面坐的学生真正记住自己是谁!

邢老师所讲教学技能之技巧，已然上升到了一门教学艺术。我之前的讲课风格，没有抑扬顿挫和起伏变化。难怪学生会感觉疲惫，很难集中45分钟去听课。邢老师犹如"教学名医"一般，一下就切中了我之前教学的不足之处。常言道"授人以鱼不如授人以渔"，现在大学教师教学只注重知识灌输，而忽略了对学生学科方法与思维方法的培养，这也是我泱泱大国，却少有人获得诺贝尔奖的本质原因。鉴于这一普遍存在的中国式教育弊端，我深刻地意识到邢老师的慧眼独具之处：虽然之前曾经尝试着去告诉学生凌驾于学科之上的是方法和思维，但经过这次"大学教学技能"的学习，我更深刻地认识到自己肩负的重任，我将更加切实、深入地去践行任重而道远的大学培养目标。

培养学生的兴趣，激发他们探求未知领域的内在动力，是实现从学习到研究的重要因素。我们不能只关注学生对于学科知识的学习与理解，还要引导他们去探索生活中所隐含的自然科学规律。国外研究者通过观察简单的猫喝水现象发现了流体力学美妙的数理方程，这一点尤其使我震惊。然而在震惊之余，回顾自身的学习经历，却猛然发现我们的学习过程却是如此功利化：为了获得好看的考试成绩，而忽略了身边一切潜在的科学现象与知识。

反思中国教育的现状，我不得不感慨若能有千千万万个邢红军教授，中国教育必将会呈现出另外一番光景：我们将不再聚焦于机械灌输给学生枯燥乏味的知识，而是教会他们如何探寻未知之领域；倘若真能如此，则何愁我泱泱中华教育不兴、人才不济!

我私自臆度，邢老师在"大学教学技能"这门课里，其实也想传递这么一个信息：中国教育之崛起，需靠我们青年老师改变传统之观点，摒弃诸多教学陋习，真正做到育德育人，为中国科学之崛起贡献自己的力量。我期待通过自己的努力，让教育之全新理念破茧而出，成为另一个邢红军教授，培养出人格健全、以学习研究为乐趣的新型人才。我已然义无反顾地踏上这一征程，纵使前方荆棘满地，我也绝不退缩，鞠躬尽瘁，死而后已。

李　斌

（作者系北京市教委高师培训中心岗前培训第 683 期学员、
北京邮电大学信息与通信工程学院博士、副教授、硕士生导师）

目 录
Contents

Chapter 1

第一章　引言

　　怎样做一个优秀的大学老师？仁者见仁，智者见智。但最起码的要求是，作为大学老师，需要知道如何讲课。换句话说，要对大学教学技能有足够的了解，并能够付诸教学实践。放眼全球，既有哈佛大学桑德尔教授享誉全球的教学艺术，又有已故上海交通大学晏才宏讲师名满全国的教学坚守。他们对大学教学的孜孜追求，是激励我们每一个大学老师热爱教学的源泉与动力。对于他们炉火纯青的教学艺术，我们每一个人都应具有"虽不能至，但心向往之"的虔诚态度。

　　教学是大学教师最古老的角色任务，也是教师职业的本质所在。自洪堡"教学与科研相统一"原则提出以来，大学的科研及社会服务功能受到持续追捧，致使教学功能逐渐受到排挤，甚至面临边缘化的危险。在美国，早有有识之士指出："美国高等院校已往的辉煌烟消云散，剩下的只是对教授职位的'厮杀'，对本科教育的无视……这种迹象表明，他们正在扼杀美国高等教育的精神。"[1] 古人云："以铜为镜可以正衣冠，以史为镜可以知兴替，以人为镜可以明得失。"环顾国内大学，对教授职位的"厮杀"和对本科教育的无视似乎比美国有过之而无不及，且如火如荼，方兴未艾，这实在是值得每一个关心中国高等教育的人应当深入思考的重大议题。

大学"好课寥寥"

　　"大二的课件，老师现在又拿出来讲一遍。其实好好备一次课也挺省事的。"就读于某"985"高校新闻学院研究生一年级的章林忍不住在朋友圈"吐槽"。

　　从本科"直升"同校同院读研，章林在课堂上遇到的老师多是

---

[1]　王玉衡. 美国大学教学学术活动 [J]. 清华大学教育研究，2006（2）：84–85.

熟悉面孔。但令他始料未及的是，在研一下学期一门与大二课程名称相近的课上，曾教过章林的老师直接"甩"出了原版课件。他只得硬着头皮又听了一遍。"那些案例早都过时了。"章林说。

在大学老师传道授业解惑的"江湖"里，学生对老师的反馈大致可以分为三种："还可以，一般般"是最为平常但也勉强及格的答案；"精彩绝伦，学到了很多东西"实属可遇而不可求；而另一种比较普遍的情况是，老师的科研能力和知识水平也许很高，但一讲起课，却遭到学生的频频拍砖——"讲得太烂了"。

很多老师也有这种焦虑。"大学老师如何才能讲好一门课？"这个问题被写在了知乎上，吸引了 8400 多人关注，最高票数的答案已经得到 2.1 万个赞。

"你就是个小锁匠，你的工作就是打开一扇门。孩子们会做出自己的选择：进去晃悠晃悠，或安心坐在门口。"作者梁边妖在这个最高赞同的答案里写道。

讲好课怎么成了老师的噩梦

告别讲台已好几年的 Aprilli，在知乎的问题下坦承，她时不时就做噩梦："学生在梦中严肃地说，老师你讲的我们在网上都查得到，为啥要来上你的课？"

这样"提心吊胆"的经历，不少老师都有过。在大学的课堂上，老师往往面临着多重压力：教务考核有了评教系统，学生意见权重增加；除了正规"打分"以外，其他"显而易见"的反馈也不少——比如，选课的人是爆满还是寥寥无几，教室空出的位子前排多还是后排多，学生选择抬头听讲还是更愿意齐刷刷地埋头玩手机？

即使在中国的顶尖学府北京大学，肖炎每学期都会遇到这样的老师——几个学期开同一门课，PPT 常年不换，照本宣科地朗读，没有太多板书，所出的试题里甚至经常"照搬"往年原题。

每当身临这样的课，肖炎和许多同学一样选择不听讲。

"虽说大学学习主要靠个人的自觉，但一个课讲得好又能教给学生生活技巧和生活体验的老师更重要。"天津外国语大学英语学院的本科生林曦表示。吉林大学政治学专业的研究生陈哲也说，"很多课程之所以吸引人，是因为老师的魅力和情怀。"

"课越来越难讲反映的是老师的一种心态，因为现在知识更新速度越来越快。"天津外国语大学国际传媒学院副院长王济军，目前还在坚持做一线教师。在给学生讲授新闻摄影课程的这些年，他体会到了学生学习知识的变化。

学生喜欢的好课首先要求教师有魅力

王济军认为，这个时代老师存在的意义是：学生在网上可能看到一点、两点，涉猎的多是比较新颖、个别和孤立的知识，而老师可以帮助学生弥补这种网络学习的不连续性和不系统性。

"老师要通过穿针引线，把学生那儿的'珍珠'系统化地整合起来。"王济军说。

教授毛泽东思想和中国特色社会主义理论体系概论的北京中医药大学教授李征认为，"成为优秀的思政课教师，的确很不容易，综合素质要非常高。"

多数的思政课理论条目多，教学相对僵化，课程本身就给李征带来不小的挑战。她记得，有一天，同学们甚至为此和她争执起来：他们不喜欢马克思、恩格斯，讨厌书本上各种僵硬的理论，起劲地商量如何运用各种方法来对付这门"无聊"的课程。

有同学甚至对她说："若不是看老师的面子，我们早就像其他班那样爱去不去了。"但李征却无法为这种"特别的面子"高兴。"这一刻我突然明白，光动之以情是不够的，还必须晓之以理。"

为了这个"理"，李征开始告诉学生，马克思主义经典作家并不"高高在上"，不是心中只揣着"阶级斗争"和"人类解放"。她讲到了马克思下跳棋，恩格斯会马术，讲到他们的文艺品位等。

"如果我们能从简单化的脸谱转向丰富生动的历史面庞，就会使革命导师及其科学理论走下神坛，走进我们的生活。"李征说。

目前，在北京大学生命科学学院读博士五年级的蒋梦颖，与大学课堂"打交道"已经快 10 个年头了。在学校，她最怕的就是"课本身没意思，老师又讲得昏昏欲睡"。

但求学这几年，蒋梦颖还是遇见了几位好老师。本科时，一位教"毛泽东思想邓小平理论和'三个代表'重要思想概论"的老师让她对这门课的态度"反转"。"本来以为自己不感兴趣，但这位老师说话特别犀利、特别逗，只要老师讲得好，我还是乐意去上的。"

蒋梦颖对"好课"还有更多的认知："当然不是每门课都能追求趣味性的。我大学时高等数学的老师都挺棒的。那类课谁也不会说有意思，但是不排除它是一门好课。"

蒋梦颖觉得，对大学老师而言，首先最重要的是能够让学生受益；其次是带给学生和蔼可亲的感觉，表达准确利索；最后则是趣味性。

让肖炎念念不忘的，则是大二上学期选修的一门新制度经济学。这门课的授课老师是中国顶尖的经济学家周其仁，在课上，周其仁总是不断启发学生"问出点儿名堂来"。

周其仁要求学生课下把自己思考的问题发邮件给他。每周，他都会挑出最有意思的几封，邀请发送者共进午餐。

肖炎第一次被选中参加这个大名鼎鼎的"学术午餐"时，激动而惶恐地发了一个朋友圈："我要和周老师一起吃饭啦。"当如约坐在周其仁身边时，肖炎的心立马落地了。"周老师很亲切，文章他都很认真地看了。他会把你写的内容大致跟其他几位同学介绍，让大家一起参与讨论。"这顿"学术午餐"通常会吃 3~4 个小时。

肖炎发现，周其仁每学期都会更新讲课的内容，有时候还会推翻去年讲的东西。"周老师衣着很整洁，从细节上就能让人感受到一个优秀的人应该是什么样子的。"

师生互动教学相长可遇不可求

现在的许多大学，课堂都有着不小的容量，甚至，三四百人同时就座的大课也并不"新鲜"。

一个好的大学课堂应该是什么样子？首先，人数不能"超负荷"。"如果让我回忆最喜欢的课，我最先想到的是你能参与其中的。只是老师在上面讲、我在下面听的课，我一定回忆不到。"蒋梦颖说。

南京大学新闻传播学院副教授庄永志开设了"非虚构写作训练"的课程。最初，他只想招 10 名学生，后来选课的人数翻了倍。他只好在课上明确地告诉同学："想写长作品的可以选，如果只是为了分数，最好别选。"

"一门优秀的课首先是能够让所有人参与，寓教于乐更佳。"林曦表示，在她曾经选修的一门志愿服务类的课上，每次老师都会设计小游戏。"看似普通的游戏，其实都有对应的知识点。"

王济军进一步提出："好的课应该是教学相长的课。"同时带两个新闻班的摄影课，王济军看着学生们上交的片子，好几次都不禁想到了自己年轻时候的故事，也有了很多新的触动。"学生们是在用心观察。很多被我忽略的东西，在他们的片子里能看到。这对我也是一种启发。"

为什么好课总是寥寥

在中国政法大学教授、博士生导师阮齐林看来，讲授一门能收获学生"好评"和"点赞"的课程，老师最起码要做到三点：全面掌握这门课的"学问"；切中社会新的脉搏；讲"需要讲的东西"，同时还得"打到点子上"。

对于大学老师而言，教学和科研是绕不开的话题。这也就产生了部分人的"尴尬"——"教学好的老师可能科研不太强，科研强的老师有些真讲起了课又不太像回事儿"。

个性签名为"非典型大学老师"的常子冠在知乎上表示，自己更愿意把时间花在琢磨教学上。"应该说，课堂上获得的成就感绝不是拿什么比赛的奖，发表几篇没人看的论文能相提并论的。"

但这个让他能产生成就感的课堂，也存在着一些烦恼。相比于科研成果能为评职称和年终考核加分，这个教学的产出却总是"看不见摸不着"，无法具象化，"能量化的只有时间，把课时数填在年终总结里而已。"

复旦大学哲学系青年讲师郁喆隽在接受本报采访时说，科研压力迫使青年教师在时间分配上以科研为先。"作为一名高校教师，每年都必须申报研究项目，在国内高校普遍'重研轻教'的背景下，青年教师着力课堂教学缺乏制度性的保障。"

"在重科研轻教学的大环境中，偶尔会有单兵作战的孤独。尽管不是刻意为之，但仍感觉自己就是那只'特立独行'的猪。"常子冠在知乎上这样写道。

（应采访对象要求，文中学生均为化名）

（来源：中国青年报·中青在线　记者：王景烁、马婧、杜珂、江山）

这个锅谁来背一下

学生说，我们爱学习，但我们不爱去上课。老师说，我们喜欢教师的职业，但我们不爱讲课。如此矛盾的表述背后，是大学好课无几的尴尬。到底哪里出了错？

教师为"好课寥寥"喊冤

2016年5月,《中国青年报》刊登的一篇《大学"好课寥寥"》引发了高校教师热议。文章中指出不少大学老师讲课的问题:"老师几个学期开同一门课,PPT常年不换,照本宣科地朗读,没有太多板书,所出的试题甚至经常照搬往年原题。"

对于这个问题,学生感同身受。他们抱怨老师讲课枯燥无味,一些教师授课水平还不如中学老师,却不满于学生上课玩手机、聊微信。有学生直言"我们努力了那么多年,不是来听你念PPT的"。甚至有人提问:"学生能就大学教师教学质量低下诉诸消费者协会吗?"

当学生异口同声地讨伐课堂教学质量不佳时,很多教师则表示出无奈。他们知道哪里出了问题,可却感到无能为力。在众多评论中,当前高校"重科研轻教学"是教师讨论声音的焦点,其根源在于教师考核绩效。科研成果能为评职称和年终考核加分,教学效果却看不见摸不着,能量化的只有时间,将讲课时数填在年终总结里而已。当二者难以兼顾时,教学好的老师可能科研不太强,科研强的老师有些真讲起了课又不太像回事儿——这一情况就在所难免。《中国青年报》的官方微信账号下面,一位高校教师看罢此文评论道:"搞科研的(教师)较少深入社会生活,讲课照本宣科,就不新颖生动、脱离实际。经常参与社会活动的(教师)又不能静心钻研教学,讲课敷衍了事、心猿意马。这两种教师都是学生不喜欢的,不愿听他们的课。"评论获得45个赞,显然一些读者颇为认同其观点。

在教学质量不佳的背后,还有好老师不上课的尴尬情况。大一大二的通识课、基础课的主讲人往往是博士毕业不久的大学"青椒"或兼职教师。教学经验丰富、学识渊博的教授们往往只负责科研和带硕士、博士生。不少学生大呼,直到本科毕业都没有见过院系网站上宣传的学术名家泰斗们给自己上过一门课。如此的漏斗形师资分布也是好课寥寥的原因之一。

一篇文章引发了高等教育界对"好课寥寥"问题的大讨论，可是问过"为什么"之后，无论是文章中还是高教内部，都未给出问题的解决方法。难道大学"好课寥寥"现象真的无解吗？

其实，大学生对大学教师讲课的不满情绪由来已久，并不是今天才出现。

大学课堂上，老师在讲台上讲课激情洋溢。学生们在台下是什么样的听课状态？近日，一张名为《教室上课表情图》的图片在武汉各大高校的校园论坛里被广泛转载，引来众多大学生跟帖，如图1-1所示。不少人甚至感慨图片十分"贴近实际"。

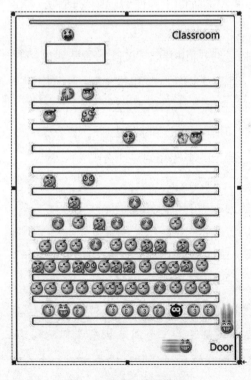

图1-1　教师上课表情图

这张全部由 QQ 表情组成的图片：一个长方形的黑框勾勒出教室的范围。讲台上，老师唾沫横飞；而台下的前几排座位，只有寥寥几个勤奋学习的学生就座，多数学生集中在教室中间靠后的位置。面对老师的讲课，有学生听得晕晕乎乎，有学生则打起了瞌睡。教室后门，少数心急下课的学生干脆偷偷提前溜之大吉。发帖大学生"← M →"表示，大学生可以"自行寻找自己的对应位置"。

不少大学生表示图片与自己的实际生活很贴近。"我是第 5 排打哈欠的那个。""倒数第 2 排睡觉的有我。"而"风吹雁过"则更直白地表示，自己并没有在图片中出现，因为"我没来"。虽然图片反映的情况有些极端，但也说明了一些问题。

大学生认为，"大学课堂出现散漫现象也不全是学生的原因"。少数老师教授的知识陈旧、授课方式刻板填鸭，很难激起学生的学习兴趣。

大学生对大学教师讲课效果的吐槽段子也很精彩。

◆ 有时一想，上课跟睡觉也是一样一样的：

眼睛一闭一睁，一堂课就过去了；

眼睛一闭不睁，一上午就过去了；

◆ 人生最痛苦的事你知道是什么吗？

是下课了，但人没醒。

◆ 人生最最痛苦的事你知道是什么吗？

是人醒了，但没下课。

并不是所有的大学教师上课都是这样的。比如，老邢上课的教学效果就得到了学生的好评。

隆冬之际，我要连着三个周末从东燕郊跑到西三环的首师大，上大学教学技能面授课。说实话，没去之前，个人以为主办方就是在那里瞎耽误工夫，还不如每人发个视频，闭门自修呢。不去不知道，去了忘不掉。

邢红军老师虽然还很年轻，但单论大学教学技能的研究水平和师德情操，绝对可以称得上邢老了。从他亢直坚毅、坦率赤诚、平易近人的性格特点来说，觉得称他为老邢更好。他这个人（特别是课堂上的他）能让人油然而生一种熨帖感。这可能就是有功力的老师所具有的师者风范。

我觉得老邢的课就像他的学问、他的人，很真实，很厚重，很管用，很渊博。在这个矫情的时代，特别是大学都难耐寂寞的时代，老邢这样的人让人觉得对这个社会还能怀抱一丝希望。

老邢的课，有一种理科生的冷幽默。例如，讲到在他儿子高考作文备考时，帮儿子寻找高中探究性学习题目时的趣事，让人畅然一笑，却能发人深省。

越是亲近的人，越容易成为老邢调侃的主角。比如他的儿子、太太等。师母总是以捧哏的角色出演。我觉得，邢式幽默中有一股默默温情蕴含其中，让人在乐呵的同时，还能唤起内心深处的敬意和感动。我认为，不经意间能把教书育人的任务完成好，就是高明的好老师。我觉得老邢绝对算得上一个。

润物无声方为难得修炼。这是老邢给我最高的教益。

（作者系北京市教委高师培训中心岗前培训第 683 期学员、北京社会管理职业学院教师陈涛）

邢红军教授关于教学的几点心得，令我深受启发。

1. 第一次上课要认真介绍自己；

2. 教学的最高境界是把难的东西讲的很容易，把复杂的东西讲的很简单；

3. 讲出关键性的几句话；

4. 不仅讲出是什么，还要讲出为什么；

5. 千万不要说所教的课程很难，要说所教的课程其实并不难。

（作者：萝卜是个好东西啊）

马云关于教育的精彩观点

师范院校出身、当过六年教师的马云一直有很深的教师情结。最近，在"马云乡村教师计划"启动仪式的演讲中，他分享了自己对于教师、关于教育的一些思考和回应，并将自己为乡村教师代言视为"今生最大的福报"。

从马云的多次公开演讲以及自传图书中摘录他关于教育的精彩观点。这十句关于教育的话，不一定是马云最火的段子，文中观点或许存有争议，但确实是非常值得一读的十句话。

（1）作为一个老师，我特别希望学生超越我们，希望学生是快乐的，希望学生是健康的，希望学生的未来是光明的。所以我相信只有老师自己是健康的、是快乐的、是内心光明的，我们才能照亮更多的人。

（2）中国的教是没有问题的，育是有问题的。教，中国的学生是全世界考试最好的，但是育是培养文化、情商。文化是玩出来的。会玩的孩子、能玩的孩子、想玩的孩子一般都很有出息。我们是教，把育的东西拿走了。

（3）学习能力是在生活中提炼出来，在团队配合中出来的。

（4）考进了名牌大学，请用欣赏的眼光看看别人！如果你考不进大学，请用欣赏的眼光看看自己！

（5）我们应该多花点时间在孩子们的体育上，在孩子们的美育上，在孩子们的生命教育上。如果我们懂得了音乐，我们就会懂得在寂寞、痛苦之中找到灵感。如果我们懂得了美术，就会打开人的视野。

（6）大学生逃课是正常的，但是你经常逃课便有问题。别给自己找借口，乖乖逼自己去上课吧！孩子，哪怕是把它当作一种对自制力的挑战。

（7）世界上很多非常聪明并且受过高等教育的人，无法成功。就是因为他们从小就受到了错误的教育。他们养成了勤劳的恶习。很多人都记得爱迪生说的那句话吧：天才就是 99% 的汗水加上 1% 的灵感，并且被这句话误导了一生。勤勤恳恳地奋斗，最终却碌碌无为。其实爱迪生是因为懒的想他成功的真正原因，所以就编了这句话来误导我们。

（8）趁着年轻，多出去走走看看。读万卷书，不如行万里路，行万里路，不如阅人无数。

（9）成功与读书多少没关系，但跟你成功以后很有关系。成功人士不读书，就一定往下滑，而且会滑得很惨。其实，一个人的成功跟读书多少绝对有关系，而且有非常大的关系。有句话说，"熟读唐诗三百首，不会作诗也会吟"。这就是读书对人的改变。无论是过去的科举制度，还是现代的教育制度，都在通过读书学习，培养人才、培养社会精英。所谓知识改变命运，就是这个道理。

（10）我永远相信只要永不放弃，我们还是有机会的。最后，我们还是坚信一点，这世界上只要有梦想，只要不断努力，只要不断学习，不管你长得如何，不管是这样，还是那样，终会成功男人的长相往往和他的才华成反比。今天很残酷，明天更残酷，后天很美好，但绝对大部分是死在明天晚上，所以每个人不要放弃今天。

俞敏洪：什么样的老师才是好老师

其实这个问题也一直是我心中的核心问题，因为目前新东方有 2 万多名老师。我希望他们都能变成好老师。那到底什么样的老师才是个好老师？我们要从老师本身的素质来讲起。

提到"老师"，可能我们的第一反应都是很严肃、很古板的那种老师。但是我认为这样的老师恰恰不是好老师。我认为的好老师有以下几个特征：

第一，好老师本身是一个完善的人。他的人品、人格、身心健康，都非常到位，对人生有着非常积极的态度，综合的知识架构比较完整，性格比较随和，为人风趣幽默，但又拥有某种探索精神。

这样的人，他往学生面前一站，就给学生带来了正能量，让学生不由自主地对他有好感，让学生感觉比较放松。我觉得拥有这些素质的人，才能算是一个非常优秀的老师。

第二，好老师对于自己所教授的知识非常精到。非常精到不一定是指他是这方面的顶级大师，如教物理的必须是像爱因斯坦一样，教文学的必须像曹雪芹一样，而是说他对自己所教的内容已经反复进行了研究探讨和知识关联性的探索，并且已经把知识融会贯通，形成了一个完整的知识体系，能够用深入浅出的方式来传授给他的学生。

传授知识这件事，其实挺难的。全中国有无数的数学老师，但能把数学课讲好的老师并不多，能让学生对数学真正产生兴趣的老师更少，能够用幽默轻松的方式来把数学讲好的老师少之又少。

如果一个老师教一门课的目的只是为了让你考试可以考高分，我觉得这样的老师肯定不是好老师。但是如果老师在教的同时，能够让学生对所在领域的知识产生无限的遐想，还能让学生勇于进行进一步的探索，这样的老师就非常牛。

所以我觉得，作为一个好老师的第二个条件，就是能够把自己所传授的知识讲透讲明白，并且能让学生产生愿意在这个知识领域中继续探索的热情。

好老师的第三个特点，就是他必须能够在传授知识的同时成为学生人格、人品的培养者。青少年学生处在一个可塑性非常强的时期。这个年纪特别容易受到外界人的影响。那么对他们影响力最大的是谁？除了父母以外就是老师。

老师对学生不仅限于知识上的传授，更重要的是传授学生做人的道理，将学生培养成积极向上、勇于探索、充满好奇心、乐于助人并有着宏大视野的人。老师不仅仅是在传授知识，更是在传授一种人生，凡是悲观、极端、负面的情绪都不应该进入课堂，有这些情绪的人都不应该当老师。因为如果对学生传授的是负面情绪的话，那学生有可能一辈子都沉浸在对知识和教育的恐惧中，学生一辈子的成长和发展也会受阻。同时，老师还必须变成学生性情的引导者，去培养出学生的理想主义情怀和家国情怀。

如果能做到以上三点的话，我觉得就是一个好老师了。当然了，好老师还有很多其他的特征，比如有一种老师，他会不断地更新自己的知识，不断地追求进步，能够端正自己的态度，鼓励学生提出疑问，和学生平等地探讨学习中生活中的各种问题，我觉得这样的老师也是好老师。

其实，我们没有办法用一句话以偏概全地去阐释好老师到底怎样的人，但是当一个好老师出现在我们面前的时候，我们所有的人心底都会知道：噢，我们终于碰到了一个好老师！

我私下里认为，俞敏洪是一个好老师，也是一个成功的企业家，但要认真说起来一个好老师的标准是什么，他可能还真不知道。教师的专业性告诉我们，一个好老师，除了以上几点外，还必须要有高超的教学技能，以及专业的教学设计能力。新东方老师讲课"段子"横飞，在一定程度上，也是为了弥补教学技能与教学设计能力的不足。为什么会出现这种情况？可以在新东方老板对于好老师的认知中找到蛛丝马迹。

何谓大学好老师？我以为，吉林大学哲学社会科学资深教授孙正聿的观点算是标准答案。

真诚，抑制不住的渴望；真实，滴水穿石的积累；真切，举重若轻的洞见；真理，剥茧抽丝的论证。对于好老师而言，这四者不可或缺：没有真诚的态度，什么都谈不到；没有真实的研究，什么也没有；没有真切的洞见，什么也认识不到。大学老师就是要讲学生没有想到的问题，去讲学生没有发现的问题，要启迪、引导使学生感到震撼。

为什么我国大学教学存在如此问题，我认为，关键还在于大学教育的定位，即大学教育的第一使命是什么？显然，大学教育的第一使命是教学。

自洪堡提出"教学与科研相统一"原则以来，教学与科研的关系便成为高等教育领域的一个重要课题。然而，在大学发展史上，两者协调发展的美妙图景甚为少见，而矛盾冲突却屡见不鲜。尤在当下，科研盛况空前，蔚为壮观，教学衰态绝后，令人侧目。因此，在当前我国大学教学饱受歧视，本科教学水准严重下滑的情况下，重新审视大学教育中教学与科研的关系，牢固树立"教学是大学教育第一使命"的教育观念，就显得尤为紧迫和重要。

洪堡的肇始：教学与科研相统一

1809 年，威廉·洪堡痛感当时德国大学守旧的习性，首次提出了"教学与科研相统一"原则，主张将教学与科研形成"一种连续发展的统一体"。由于柏林大学的成功，洪堡的这一原则得以迅速传播，从而成为世界高等教育的一条基本原则。

然而，当我们今天以历史和现实的视角聚焦于"教学与科研相统一"这一原则时，我们发现，这一原则在现实中已演化为"重科研轻教学"的倾向，并且有愈演愈烈之势。这种情况促使我们深入思考：是原本洪堡错了，还是我们曲解了洪堡？对此，非常有必要进行一番认真的梳理。

一方面，从高等教育发展的历史看，洪堡提出"教学与科研相统一"原则，贡献在于"当科学和大学发展到一定的历史阶段——纯科学和纯大学都已成熟同时又走到历史的交汇点时，洞察了科学研究与大学教学过程的内在一致性，洞察了双方统一条件的成熟，并且给出了成功的推动"。[1] 但随着科学和大学的发展，两者已逐渐从交汇点离散开来，尤其是"科研作为教学方法的适用范围相对缩小，效力也相对减弱"。因此，远离理论产生的历史起点而笼统讲"教学与科研相统一"原则，我们就很有可能犯了"刻舟求剑"的错误而浑然不觉。

"由于教学与科研的基础已经分化，那么高校中教学与科研的关系就变得复杂起来。"具体来说，"在某些情况下，科研与教学还是统一的；在另外一些情况下，科研与教学很可能不统一，或者不完全统一；而在某些极端情况下，科研不仅无法与教学相统一，反而可能走向教育目的的反面，成为与教学相冲突的因素，甚至产生'负教育效应'"。[1]

另一方面，从大学教育规律的角度看，洪堡"教学与科研相统一"原则从一开始就不是一个实证理论，而是一个思辨理论。为此，许多人就教学与科研之间的关系从实证上进行研究，企图得出两者之间的关系，但却由此得到了迥然不同的结果。这些结论分别是：（1）教学与科研高度正相关；（2）教学与科研呈微弱正相关；（3）教学与科研是零相关；（4）教学与科研是负相关。

除了采用调查和相关分析的定量研究方法外，人们还采用现象图式学和经验场分析等质性研究方法进行研究，同样发现了四种教学与科研的关系。

第一种研究结果认为：教学与科研是一体的（对应于高度正相

---

[1] 周川. 从洪堡到博耶：高校科研观的转变 [J]. 教育研究，2005（6）：26-30.

关）。最经典的说法是将教学与科研描述为"一个工作的两个方面"。因此，这种观点认为教学与科研在理论上是无法分离的，在实践中是交织在一起的。

第二种研究结果认为：教学与科研是一种共生关系（对应于微弱正相关）。

所谓共生关系，是指这种观点虽然承认两者是不同的活动，但强调二者之间存在微妙的、扩散的积极效应，一种活动的开展也必然带来另一种活动效果的提升。这种观点是一种最为普遍的观点，即虽然承认教学与科研有区别，但坚信二者存在一种互惠的关系，彼此促进。

第三种观点认为：教学与科研之间不存在任何关系（对应于零相关）。教学与科研是不同的人所从事的不同工作，需要不同的智力特征和个性品质。即使有少数人能兼顾教学与科研，但他们的教学和科研活动之间并不相干。

第四种观点认为：教学与科研是相互冲突的活动，彼此干扰（对应于负相关）。持这种观点的主要理由是，教学与科研具有不同的期望和义务，考虑到教师的倾向和投入，两种角色被认为是持久的紧张关系。因此，教学与科研是彼此矛盾的活动。[1]

上述研究结果启发我们，也许教学与科研根本就不存在某种确定性的关系，甚至说，洪堡"教学与科研相统一"原则原本就存在问题。有鉴于此，我们从科学课程的内容上作进一步分析，以期厘清这一长期困扰高等教育领域的一个重要命题。

已有研究表明，整个科学课程的内容结构，好比一个从底到上装满从老到新的科学知识的柱体容器。在科学史上经过长期检验的相对稳定的知识，往往被后来的新知识压缩到容器的底部，适用于

[1] 吴洪富.教学与科研关系的研究范式及其超越 [J].高教探索，2012（2）：19-24.

大学教学技能精进教程

早期学习阶段，一般对应于基础教育、大学本科乃至硕士阶段；而科学前沿的具有较大不确定性东西位于顶部，适用于晚期学习阶段，一般对应于博士阶段。

这个柱体容器的四壁具有无数细小的孔隙，那些经不住实验或逻辑检验的知识，都先后依次被排出柱体容器。根据这个模式，"教学与科研相统一"原则显然并不能解释科研对大学教学的促进，因为在大学本科和硕士阶段，教育的内容通常都是"在科学史上经过长期检验的相对稳定的知识"，"适用于早期学习阶段"，因此是客观的和固定的。

纽曼的创新：大学以教学为主

作为现代大学的基本问题，教学与科研的关系自近代以来一直困扰着整个高等教育界，成为一个世界性的难题。深究起来，我们发现，这一问题从根本上说，是一个关于大学理念的问题。也就是说，持有不同的大学理念，就会有不同的教学与科研观。这是导致教学与科研关系充满诸多争议的根本原因。对此，纽曼就教学与科研的关系提出了与洪堡迥然不同的见解，读来带给我们以别样的启示。

纽曼认为教学是大学的唯一职能。在纽曼的世界里，大学的任务是教学而不是科研。这种观点不仅与洪堡的观点大相径庭，而且振聋发聩。为什么纽曼与洪堡的观点差距如此之大？这是因为，二者在诸如大学的定义、大学的职能以及大学的知识教学等大学理念方面持有完全不同的立场。

对于大学的定义，纽曼在《大学的理想》前言中写道："我对大学的看法如下：它是一个传授知识的地方。这意味着，一方面，大学的目的是理智的而非道德的；另一方面，它以传播和推广知识而非扩增知识为目的。如果大学的目的是为了科学和哲学发现，我不明白为什么大学应该拥有学生；如果大学的目的是进行宗教训练，我不明白它为什么会成为文学和科学的殿堂。"[1] 显而易见，纽曼对大学的根本定义是：大学是一个传授知识的地方而非以扩增知识为目的。

对此，洪堡的观点则具有二元性。他认为大学兼具双重目的，一是对科学的探求；二是个性与道德的修养。即大学应该是探索高深知识的场所，是科学研究的学术机构，是受国家保护但又享有充分学术自由的组织集体。

对于大学的职能，纽曼的观点是：大学要在科研团体与大学之间进行智力方面的分工。大学只是给那些接受培训的学生教授科学的场所，而科学院主要职责是在科学领域里从事新的研究。他认为，发现与教学是两种迥异的职能，且同一个人履行好这两种职能并不现实。一个人的时间与精力是有限的，如果他整天忙于向学生传授知识，那么他就不可能再去获取新的知识，也无法进行科学发现或科学研究。基于此，纽曼断定大学教学与科研是相冲突的，大学的基本功能应定位于教学而非科研，更不能以科研来代替教学。

与纽曼的观点截然相反，洪堡则认为"大学教授的主要任务并不是'教'，大学学生的任务也并不是'学'。大学学生需要自己独立去从事'研究'。至于教授的工作则在诱导学生'研究'的兴趣，并进一步指导并帮助学生做'研究'工作"。

两种迥然不同的观点孰是孰非？理论问题还需要靠实践来作终极评判。1994 年，美国卡内基基金会通过对美国研究型大学本科教育的调查发现，美国大学中教学与科研之间的矛盾十分突出，轻视教学、重视科研的现象普遍存在；和本科教学相比，有名教授更倾向于对研究生进行教学；教学和科研相互隔离，各行其是等现象普

[1] 曾惠芳，李化树. 英国纽曼与德国洪堡的大学理念比较 [J]. 理论观察，2009（4）：110-111.

遍存在。调查认为，这些问题的产生与科学研究的功利主义在美国大学的盛行是分不开的。功利主义引起了教师评价标准的变化，即开始以科研成果来评价教师。所以，美国的大学教授中普遍存在着"不出版就解聘"（Publish or Perish）的说法。这就造成很多教师远离本科教学和课堂，把更多的精力投入到一些科研项目和课题上。本科教学质量因此受到严重影响，并开始出现教育教学质量滑坡现象。[1]

与美国的情况相比，国内大学教学与科研之间的矛盾亦十分突出，轻视教学重视科研的现象与美国如出一辙。成立于 2006 年的"高等学校本科教学质量研究课题组"在其《全国普通高校本科教学质量调查报告》中，对"在校学生对本科教学总体质量的看法"调查结果显示，43.8% 的学生认为本校的本科教学质量一般，仅11.0% 的学生认为本校的本科教学质量好。在"教学质量各分项（学风、教学基础设施、基本能力、教学管理、专业及课程、教师、实践教学）看法的平均分比较中，教师和实践教学两项的得分最低"。[2] 从报告中可以看出，相当部分学生对本校的教学总体质量和给自己上课的教师教学质量感到不满。

尤为严重的是，教学与科研之间的矛盾对本科教学质量的影响具有"青蛙效应"。它不仅影响着教师的教学效果，而且深刻地影响着学生的学习效果。在大多数教师屈从现行高校考核体制而无法全身投入教学的情况下，即使个别教师认真教学，亦回天无力。

2004 年，长期在北京大学物理学院讲授理论物理基础课的俞允强教授，有感于"学生的学习效果在'稳步地'下降"，"决心以经历和名声为'资本'来放手一搏"，在网络上发表了"致物理学院教学副院长并呈主管北大教学的副校长的公开信"，在全社会引起强烈

[1] 荆晓前 . 舒尔曼大学教学学术思想初探 [D]. 保定：河北大学，2009.
[2] 新世纪教学研究所 . 中国高等教育教学质量发展报告·高等学校本科教学质量研究，2008

反响。公开信如下：

物理学院教学副院长，并呈主管北大教学的副校长：

这次电动力学考试的 125 份考卷中，若按常规评定，不及格的占到近 30%。比学校学生守则中的规定高出两倍半以上。为避免对教学秩序产生过大冲击，最后定了 23 份不及格。作为多年的教师我自然知道，要把这矛盾完全掩盖起来是易如反掌的事。但是我认真地想了，觉得还是把矛盾暴露出来为好，因为它不是偶然的个例。

我已有 43 年教龄。在近 10 来年的教学中，我每年阅卷后都为学生学到东西之少而深感沮丧。我觉得自己作为教师的努力在白费。尽管多数同学在教学评估中常对这门课的讲授表示出很大的肯定，但我心中却一点也不觉得欣慰。我教的是物理系大三学生的基础理论课。这半年正值 TOEFL 和 GRE 考试。大量同学的主要精力完全不在正课学习上。前几年，我估计 10% 的学生经常不来听课（今年学生太多，我无法估算）。大面积不及格随时都可能出现。因此，今年的局面全然不使我感到意外。

从这次考试看，学生最终对电动力学掌握的糟糕程度很惊人。这里不宜讨论细节。但是学生对第一道题目的解答很触目惊心。全题 16 分，125 人的平均得分仅为 9 分左右。在学完电动力学后，竟有近一半人不清楚类似于线性介质中的 Maxwell 方程对磁铁不适用的常识。这局面实在足以让老师吐血！

教学局面是从 90 年代初起逐渐恶化的。因此今天的事绝不是"偶然的个例"。我感觉近十年来，学生的学习效果在"稳步地"下降。坦白地说，这矛盾要遮掩很容易，而要捅开它、正视它则很难。捅开矛盾时也仍有方方面面的原因让我十分犹豫，但是这次我决心以资历和名声为"资本"，来作此一搏。若因此能引起学校领导的重视，我将把它看作自己退休前对工作了 40 余年的物理系的最后贡献。

至于为什么今年教学问题暴露得特别尖锐，我也不甚明其所以然。上面讲到的出国考试未必一定是最主要的原因。为此请你们先研究一下：一、我的教学是否有重大缺陷；二、考题是否过难或过偏。这两方面发现问题请直接告诉我。如若没有重大问题，那么该认真研究了：背后的毛病出在哪儿？

现在学校的目标是要成为世界一流名校。学生学习状况的稳步下降与学校水平上升为一流格格不入。难道我们会"下滑"成世界一流吗？这才是我耿耿于怀的问题。它多少使我联想起半个世纪前的"大跃进"。事后我们认识到浮夸再重新纳入正道花了20年。我们国家已经经不起再一个20年的损失了！

我将把这封信公开到网上去。它反映的是一个普通老师对物理系现状的忧虑，且多半不是"杞人无事忧天倾"。公开出去可以让同学也知道老师在想什么，也来参与讨论。我也想知道同学对此怎么想。没有同学们对问题的思考和理解，离开同学们的自觉配合，恐怕干部和老师的任何招数都难以起到显效。

（作者：北京大学《电动力学》主讲教师 俞允强）

俞允强教授的公开信虽然"反映的是一个普通老师对物理系现状的忧虑"，但"管中窥豹，可见一斑"，它事实上反映出了今日中国大学本科教学的现状。

教学与科研之间的矛盾对本科教学质量影响的"青蛙效应"，在俞允强教授的公开信中也得到证实，俞允强教授指出，"教学局面是从90年代初起逐渐恶化的。今天的事绝不是'偶然的个例'。近十年来，学生的学习效果在'稳步地'下降"。俞允强教授不明白"背后的毛病出在哪儿？"这一切，恐怕与洪堡"教学与科研相统一"的原则有着千丝万缕的联系。

基于此，笔者认为，是重新正确认识教学与科研关系的时候了。

一言以蔽之，对于大学教育而言，最好的表述就是纽曼的观点："大学的任务是教学而不是科研。"无论这种观点多么难于接受，无论这种观点多么不合时宜，无论这种观点触及了多少人的利益，恐怕我们都必须接受。因为它代表着今日大学教育的真正方向，反映了大学教育的真正规律。若仍然因循洪堡"教学与科研相统一"的教条，则必然导致并加剧轻视教学的功利主义，使科研僭越教学的地位，最终导致"学生的学习效果'稳步地'下降"。

大学教育是一个复杂的系统，对其规律的正确认识需要深入的思考。纽曼虽然身处传统大学与现代大学的夹缝之中，却能以其坚定的信念和雄辩的才华，洞察出大学教育的真谛，殊为不易。当然，纽曼之所以提出"大学的任务是教学而不是科研"的观点，从根本上说，还要归功于他对大学本质和大学独特性的体认之上。这是纽曼带给我们另一层面的启示。

现代大学之于中国本是一个地道的舶来品，故而，国人的大学观也是历史地发展着的。近代史上，洋务运动的失败固然有诸多因素，但没有正确认识科学与技术的关系则是其中一个非常重要的原因。稽古振今，在教学与科研关系问题上，我们的认识是否还在重蹈当年洋务运动的覆辙呢？这是尤为值得我们深入思考的问题。

博耶的破冰：教学的学术

20 世纪 90 年代后，对大学教学质量的讨论引导出了革命性的破冰理论——博耶"教学的学术"理论。

美国卡内基教学促进基金会前主席欧内斯特·博耶于 1990 年发表的《学术反思》是大学教学议题转移的主要标志。教学学术被认为是高等教育的"范式转变"，它体现了一种更加反映高等教育本质的大学理想。博耶将教学视为更广泛意义上大学学术活动的一部分，他将发现（discovery）（学科知识的发展）、整合（integration）

（将研究发现置于更广泛的背景、建立不同学科之间的联系）、应用
（application）（将通过发现和整合获得的结果运用到解决具有社会意
义的问题）和教学（teaching）（帮助学生掌握专门知识，养成专门
技能和态度）四种不同又重合的活动，皆归到探究性学术范畴。这
一学术观突破了大学功能"教学""研究""服务"的三元划分，使
学术活动更具有包容性和相互渗透性，在大学教育的发展史上无疑
具有里程碑的意义。[1]

虽然博耶并未提出教学学术的具体内涵和标准，但在博耶报告
之后，众多学者从不同角度发展了"教学的学术"的内涵和外延。
可以从以下几个方面加以理解。第一，教学学术是一种学识和知识，
同任何学识和知识那样，它可以成为教师拥有和促进教学有效的个
体资源；第二，教学学术是一种特殊的学识和知识，是与教学相关
的，被称为教之术与学之术；第三，教学学术来自于教师的教学实践，
是对教学实践的经验总结和理论升华；第四，教学学术表现在教师
教学的全过程中，并产生可以证实和被同行评论的重要影响和结果。

博耶"教学的学术"理论的产生并非偶然，而是高等教育发展
的历史必然。在此之前，1986 年美国学者舒尔曼提出的 PCK 理论，
可以看作博耶"教学的学术"理论的开端。PCK 理论针对以往研究
较多关注教师所掌握的学科内容知识和一般教育学知识，却忽略了
它们之间的联结。这就使教师难以将学科知识有效地表征为学生能
懂的知识，从而难以让学生真正掌握学科知识。而 PCK 的定位正在
于"学科内容知识"与"教育性知识"之间的交叉之处，其核心内
涵在于将"学科内容知识"转化为学生可学的形式。

为什么教学是学术呢？在回答这个问题之前，先来了解一个术
语——学科教育性知识。赖斯曾经诠释了教学学术包含的三个要素：

---

[1] 侯定凯．博耶报告 20 年：教学学术的制度化进程 [J]．复旦教育论坛，2010（6）：31-
37.

综合性能力、学科教育性知识及有关学习的知识。所谓综合性能力就是"学科内容知识"，有关学习的知识就是"教育性知识"，而学科教育性知识则位于"学科内容知识"和"教育性知识"的连接点，在"学科内容知识"和"教育性知识"的关系中处于中心地位。学科教育性知识不只是这两者的总和，还代表了两者的合成和独特联系。

作为教学学术的学科内容基础和结构基础，学科教育性知识提供了符号、语言、观点、概念、理论、修辞以及其他形式的知识表达和探索模式，这些组成了有效教学的知识库。

创造、构建和促进学科教育性知识库的教师行为具有四个特点：他们向专业同行公开教学过程和成果；他们接受同行评估；他们为学术同行将来的工作提供基础；他们探索教与学。同时，学科教育性知识亦产生于教学的实践、反馈和整理；教师评价和发展；针对未来学者的学科教育和教学法培训以及传统教学研究和课堂环境研究。

图 1-2 描述了"学科内容知识"和"教育性知识"的多样化关系。传统教育研究（如社会、认知、发展和教育心理学学科）所产生的是教育性知识。图中的箭头 A 表达了这层关系。与之平行的 B 箭头表示了传统学科研究（如数学、人文等具体学科内的研究）产生学科内容知识。教学学者可以整合各自学科的内容知识和各个学科的教育性知识，以此创造学科教育性知识（见图 C 和 D 箭头）。教学学者还可以通过另外四种方式整合学科内容知识和教育性知识，创造学科教育性知识：（1）实践教学，反馈经验（E）；（2）参与教师评价和发展活动（F）；（3）参加有效的研究生培训项目（G）；（4）实施课堂研究（J）。实施课堂研究与科研和教学学术的关系最为密切。因为课堂研究就是教师在学科和课堂中调查学生如何学习和为什么学习，所以我们最熟悉的课堂研究一般都是建立在学科内

容知识和教育性知识的概念和方法结构基础之上（见箭头 H 和 I）。

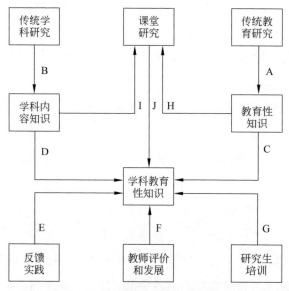

图 1-2　科学和教学学术的关系

路径 A—C 和 A—H—J 反映了传统教育研究对学科教育性知识的作用，而路径 B—D 和 B—I—J 描述了传统学科研究的影响。正如路径 A—C 所示，教师可以利用传统教育研究产生的教育性知识连同学科内容知识来创造学科教育性知识。路径 A—H—J 则强调传统教育研究所产生的教育性知识能够指导课堂研究。路径 B—D 和 B—I—J 也反映了同样的道理。路径 H—J 和 I—J 表明课堂研究建立在内容知识和教育性知识的概念和方法结构基础之上，对学科教育性知识有直接贡献。

图 1-2 还阐明了科研和教学学术关系的另一个重要特征：直接影响和间接影响的区别。箭头 A 显示传统教育研究对教育性知识的发展有直接的影响。但路径 A—C 和 A—H—J 显示传统教育研究只是通过作用于教育性知识和课堂研究间接影响学科教育性知识的创造。类似地，路径 B、B—D 和 B—I—J 能够直接影响学科内容知识

的产生，对学科教育性知识只能间接作用。

呈现图 1-2 的目的是为了解决科研和教学学术的关系。很明显，课堂研究是参与教学学术的一条路径。传统教育研究通过课堂研究的实践，间接地作用于教学学术。总之，构成教学学术的学科教育性知识位于学科内容知识和教育性知识的连接点。而有效的课堂研究要求教师具备传统教育研究产生的教育性知识和传统学科研究产生的学科内容知识，最终通过一定过程整合形成学科教育性知识。[1]

教学学术在大学的学术地位，最终取决于它如何为学科发展、教学方法和学生发展带来"附加值"，这就有赖于教学学术的评价制度。布莱斯顿（J.M.Braxton）等人提出，教学学术评价的内容应该包括"学术活动""未发表的学术成果"和"发表的学术成果"三个方面。"学术活动"包括：指导学生的科研项目、开发新的教学大纲、考察学生高层次思维能力的试卷命题、建立课程参考书目清单、开发新课程等。"未发表的学术成果"包括：向同行发表关于新教学手段的演讲、试验新的教学方法、开发新的学生评价方法、就课程难点设计作业等。"发表的学术成果"则包括：针对新的教学方法、评价方法、教学实验的成果发表等。与传统的以知识发现和知识整合为特征的学术不同，教学学术涉及教师自身发展、教学目标、师生关系、学科知识和教学方法并重等复杂因素和关系，其结果的呈现和评价方式也必然是多元的。[2]

教学学术真正实现的场所是在大学课堂之上，需要借助于教师的教学才能得以张扬。这除要求教师对自己所授学科有深厚感情和深入了解外，还须依据本学科知识的特征，设计出引人入胜的教学方案，才能在举手投足间展现讲授的抑扬顿挫，焕发出学术修炼养

[1]　王晓瑜.大学教师发展教学学术的若干理论问题探讨[J].教师教育研究，2009（5）：13-18.

[2]　侯定凯.博耶报告 20 年：教学学术的制度化进程[J].复旦教育论坛，2010（6）：31-37.

就的奇光异彩。如此，方能于无声处熏染大学生那虽幼稚而又敏锐的心灵，终使教学对学生的影响超出单纯的知识而兼具精神的力量。

怎样提高教师的教学水准？答案很简单，就是教师除需要掌握学科内容知识和教育性知识外，还需要掌握学科教育性知识，同时亦要掌握基本的教学技能，这是教学学术得以实现的逻辑路线。一般而言，教学技能分为教学语言技能和教学动作技能。前者包括语言技能、讲解技能、提问技能、导入技能和结束技能，后者包括演示技能、板书技能、变化技能、强化技能和互动技能。每一项技能都包含若干要素与要求，这要求教师不仅需要掌握教学技能的理论知识，而且需要进行必要的规范训练。而这些，恰恰是许多大学教师所严重缺失的。

Chapter 2

第二章　教学基本规范

教师不仅是一个职业，其实，它还是一个专业。社会学家卡尔·桑德斯认为："专业是指一群人在从事一种需要专门技术的职业，是一种需要特殊智力来培养和完成的职业，其目的在于提供专门的服务。"因此，教师的专业性要求每一个大学老师都应当知道大学教学的基本规范。

众所周知，许多传统行当都有自己的基本规范。比如，相声演员讲究"说学逗唱"，戏曲演员讲究"唱念做打"，中医看病讲究"望闻问切"，中药配伍讲究"君臣佐使"。教学的"说""学""逗""唱"是什么？没有！我的观点：教师讲课要讲究——"讲""解""做""写"。讲——语言技能，讲授技能；解——解惑技能，思维技能；做——演示技能，操作技能；写——写作技能，板书技能。我的观点是：教学是我们的安身立命之本，教学是一项专业的技能，不是业余的技能。因此，教学技能必须进行规范的训练。

本章介绍大学教学的 20 个基本规范，希望能对读者有一定启发。

第一节　教学基本规范

1. 教师第一次上课要认真介绍自己

好的开头是成功的一半。学生只有喜爱你这个老师，才会把对老师的喜爱迁移到老师所教的学科喜爱上。教师要向学生介绍自己的姓名、学历、学位、职称、教育经历、研究专长、研究成果（非常重要），个人的业余兴趣爱好（非常重要）等方面。

三言两语介绍自己是做教师的大忌，也是业余的表现。

不必谦虚，当然也不能吹牛，要恰到好处，拿捏好分寸。

这个教学基本规范的理论解释是心理学的首因效应。很多人可能不知道这个道理，许多学心理学的人也未必能够将教师第一次上课认真做自我介绍自己与首因效应联系起来。当然，还应该说明的是，几乎所有大学的教学技能教材都没有将这一点作为教学的基本规范，多少反映出国内大学教学技能研究的不足。

首因效应由美国心理学家洛钦斯首先提出的，也叫首次效应、优先效应或第一印象效应，是指交往双方形成的第一次印象对今后交往关系的影响，即"先入为主"带来的效果。虽然这些第一印象并非总是正确的，但却是最鲜明、最牢固的，并且决定着以后双方交往的进程。如果一个人在初次见面时给人留下良好的印象，那么人们就愿意和他接近，彼此也能较快地相互了解，进而影响人们对其以后一系列行为和表现的解释。反之，对于一个初次见面就引起对方反感的人，即使由于各种原因难以避免与之接触，人们也会对之很冷淡，在极端的情况下，甚至会在心理上和实际行为中与之产生对抗状态。

美国社会心理学家洛钦斯（A. S. Lochins）1957年以实验证明了首因效应的存在。他用两段杜撰的故事做实验材料，描写的是一个叫詹姆的学生的生活片段。一段故事把詹姆描写成一个热情并且外向的人，另一段故事则把他写成一个冷淡而内向的人。两段故事分别列于下方：

詹姆走出家门去买文具。他和他的两个朋友一起走在充满阳光的马路上，他们一边走一边晒太阳。詹姆走进一家文具店，店里挤满了人。他一边等待着店员对他的注意，一边和一个熟人聊天。他买好文具在向外走的途中遇到了熟人，就停下来和朋友打招呼，后来告别了朋友就走向学校。在路上他又遇到了一个前天晚上刚认识的女孩子，他们说了几句话后就分手告别了。

放学后，詹姆独自离开教室走出了校门。他走在回家的路上，路上阳光非常耀眼。詹姆走在马路阴凉的一边，他看见路上迎面而来的是前天晚上遇到过的那个漂亮的女孩。詹姆穿过马路进了一家饮食店，店里挤满了学生。他注意到那儿有几张熟悉的面孔。詹姆安静地等待着，直到引起柜台服务员注意之后才买了饮料。他坐在一张靠墙边的椅子上喝着饮料，喝完之后他就回家去了。

洛钦斯把这两段故事进行了排列组合：一种是将描述詹姆性格热情外向的材料放在前面，描写他性格内向的材料放在后面；一种是将描述詹姆性格冷淡内向的材料放在前面，描写他性格外向的材料放在后面；一种是只出示那段描写热情外向的詹姆的故事；一种是只出示那段描写冷淡内向的詹姆的故事。

洛钦斯将组合不同的材料，分别让水平相当的中学生阅读，并让他们对詹姆的性格进行评价。结果表明，第一组被试中有78%的人认为詹姆是个比较热情而外向的人；第二组被试只有18%的人认为詹姆是个外向的人；第三组被试中有95%的人认为詹姆是内向的人；第四组只有3%的人认为詹姆是外向的人。

研究证明了第一印象对认知的影响。在首因效应中，对情感因素的认知常常起着十分重要的作用。人们一般都喜欢那些流露出友好、大方、随和情感的人，因为在生活中，我们都需要他人尊重和注意，这个特点在儿童身上表现得最为明显。小孩子都喜欢第一次见了他就笑呵呵的人。如果再给予相应的赞扬，那么儿童就会更加的高兴。

第一印象是在短时间内以片面的资料为依据形成的印象，心理学研究发现，与一个人初次会面，45秒钟内就能产生第一印象。

它主要是获得了对方的性别、年龄、长相、表情、姿态、身材、衣着打扮等方面的印象，判断对方的内在素养和个性特征。这一最先的印象对他人的社会知觉产生较强的影响，并且在对方的头脑中形成并占据着主导地位。且这种先入为主的第一印象是人的普遍的主观性倾向，会直接影响到以后的一系列行为。在现实生活中，首因效应所形成的第一印象常常影响着人们对他人以后的评价和看法。

社会心理学家艾根在 1977 年研究发现，在与人相遇之初，按照 SOLER 模式来表现自己，可以明显增加他人的接纳性，使自己在人们心中建立良好的第一印象。"SOLER"是由五个英文单词的开头字母拼写起来的专用术语，其中：S 表示坐姿或站姿要面对别人，O 表示姿势要自然开放，L 表示身体微微前倾，E 表示目光接触，R 表示放松。用 SOLER 模式表现出来的含义就是"我很尊重你，对你很有兴趣，我内心是接纳你的，请随便"。

心理学家卡耐基在早期名著《如何赢得朋友》中也总结了六条给人留下良好印象的途径，即："真诚地对别人感兴趣，微笑，多提别人的名字，做一个耐心的倾听者，鼓励别人谈他们自己，谈符合别人兴趣的话题，以真诚的方式让别人感到他自己很重要。"

以我为例示范一下，实属现丑。

邢红军，首都师范大学教师教育学院教授，博士，课程与教学论博士生导师。教育部全国高校教师网络培训中心特聘教授，前北京市教委高师培训中心大学教学技能主讲教师，曾面授培训北京地区大学教师 8000 余名，全国高等物理教育研究会理事，《物理通报》副主编，教育部国培计划高中物理首批专家库入选专家。截至目前，已培养博士和硕士生一百余人。1986 年以来,先后在《教育研究》《课程·教材·教法》等刊物上发表论文 240 篇,出版著作 16 部。

1996 年被河南省教育委员会授予河南省优秀教学标兵,1997 年被河南省社会主义劳动竞赛委员会、河南省经贸厅、河南省总工会、河南省劳动厅联合授予河南省教学标兵,1997 年获河南省优质课教学"特等奖",2013 年获北京市基础教育教学成果二等奖。

曾应邀指导开展教育部、财政部"高等学校教师网络培训系统项目"高校教师必备教学技能与案例研讨骨干教师培训工作,如图 2-1 所示。

图 2-1

◆ 教学经历（从事教学工作 37 年）

曾获

河南教育学院课堂教学大赛一等奖第一名（1993 年）

河南省优秀教学标兵（1996 年）

河南省教学标兵（1997 年）

河南省优质课教学特等奖（1997 年）

北京市基础教育教学成果二等奖（2013 年）

♦ 教育经历

本科：物理教育

硕士：物理课程与教学论

博士：发展与教育心理学

♦ 晋职经历

讲师：1991

副教授：1994（破格）

教授：1999

♦ 学术发表

著作：16 部

论文：240 篇

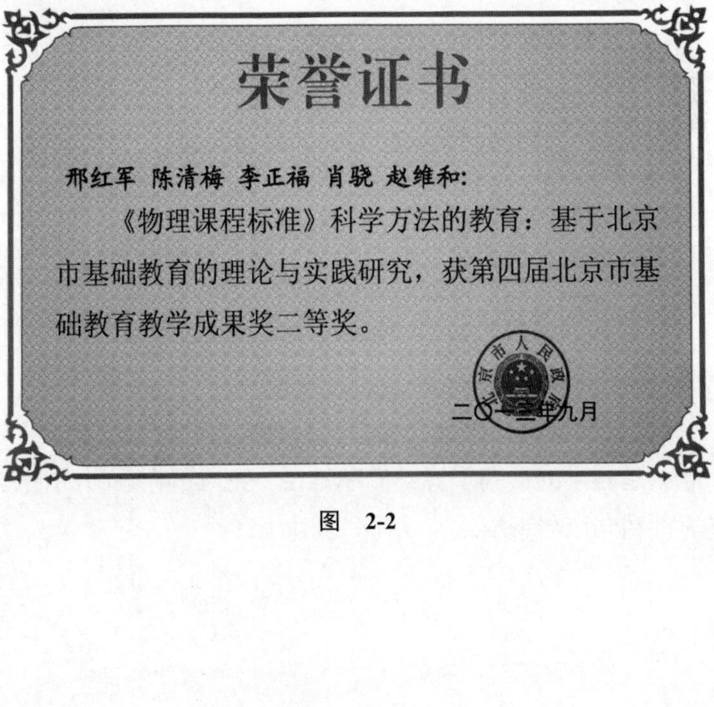

荣誉证书

邢红军 陈清梅 李正福 肖骁 赵维和：

《物理课程标准》科学方法的教育：基于北京市基础教育的理论与实践研究，获第四届北京市基础教育教学成果奖二等奖。

北京市人民政府

二〇一三年九月

图 2-2

最近作品

图 2-3

♦ 业余爱好

QQ 网络围棋

♦ 最感恩的人

我的硕士生导师：江西师范大学物理系周中权先生，带领我进入物理教学论的学术领域。

我的人生伯乐：首都师范大学物理系乔际平先生，把我从河南教育学院引进到首都师范大学。

我的博士生导师：北京师范大学发展心理研究所林崇德先生，引领我进入发展与教育心理学的学术领域。

2. 了解教学的最高境界

什么是教学的最高境界？简单地说：把难的东西讲的很容易，把复杂的东西讲的很简单。

大学教学技能的四重境界

深入浅出是功夫，

浅入浅出是庸俗。

深入深出尤为可，

浅入深出最可恶。

　　人民出版社前社长、总编辑，曾彦修（笔名严秀）先生曾出版过两本杂文集：《牵牛花蔓》和《牵牛花蔓续集》。曾老的杂文极其犀利，直刺假恶丑，读起来过瘾。翻译家蓝英年特别欣赏书中的一首打油诗：

深入浅出是功夫，

浅入浅出是庸俗。

深入深出尤为可，

浅入深出最可恶。

　　这首打油诗，蓝英年又特别欣赏最后这一句。他给曾老打电话，告诉曾老读完他的书，特别喜欢这首打油诗，尤其是最后一句。他听了哈哈大笑，蓝英年问典出何处，曾老大声说："听人说的。"

　　第一种是讲课深入浅出，很深奥的道理能够讲的浅显易懂，很受学生欢迎，是最好的老师；

　　第二种是浅入浅出，这样的老师本身学问不深，但却实事求是，把自己懂的东西讲出来，这也能基本保证质量，算是一般的老师；

　　第三种是深入深出，这样的老师很有学问，但缺乏好的教学方法，不能把深奥的学问讲得浅显易懂，学生学起来费劲，不能算是好老师；

　　最糟糕的是第四种老师，浅入深出，本身并无多大学问，却装腔作势，把本来很浅近的道理讲得玄而又玄，让人听不懂，是差老师。

3. 讲出关键性的几句话

著名作家柳青曾说过一句名言："人生的路很长，但关键的地方只有几步。"把这句话的意思迁移到教学中就可以变成，教师"讲一节课要说的话很多，但关键的话只有几句"。我认为，只有讲出教学中那关键的几句话，这样的教学才能被认为是好的教学。请看下面的例子。

初中牛顿第一定律的教学，长期以来一直是初中物理教学的难点。学生常常会有"力是维持物体运动的原因"的观念，而事实上，物体的运动状态不需要力来维持。换句话说，物体原来是静止的，它就一直静止；物体原来是匀速直线运动的，它就一直匀速直线运动。直到有力作用在物体上，才会改变物体的静止或匀速直线运动状态。也就是说，力是改变物体运动状态的原因。下面采用比喻的方法说出关键的几句话。

物体就好比是人，物体处于静止或匀速直线运动状态，就好比人处于睡眠或清醒状态。为什么物体可以保持静止或匀速直线运动状态？是因为物体具有惯性。为什么人可以处于睡眠或清醒状态？是因为人具有生命。怎样改变物体的静止或匀速直线运动状态？给物体施加一个力。怎样使人既不处于睡眠状态又不处于清醒状态？人得了要命的疾病。可以用表 2-1 来比喻。

表 2-1　初中牛顿第一定律教学比喻

物体	惯性	静止状态	匀速直线运动状态	受到力的作用	改变了运动状态（既不静止也不匀速直线运动）
人	生命	睡眠状态	清醒状态	得了要命的病	死亡（既不清醒也不睡眠）

4. 要讲出是什么，还要讲出为什么

教师不仅要讲出知识的"是什么"，还要讲出知识的"为什么"。读一读下面这篇 2017 年最佳微小说，大概可以说明这个问题的道理。

我 的 晚 年

有一位老人，用了毕生的积蓄，收藏了许多价值连城的古董。

他的老伴过世得早，留下三个孩子，可孩子长大后都出了国，有了自己的生活圈。孩子不在身边，所幸老人还有个学生，跟进跟出地伺候他。

许多人都说："看这年轻人，放着自己的正事不干，成天陪着老头子，好像很孝顺的样子。谁不知道，他是为了老头子的钱。"老人的孩子们，也常从国外打来电话，叮嘱老父要小心，不要被学生骗了。

"我当然知道！"老人总是这么说，"我又不是傻子！"

终于有一天，老人过世了，律师宣读遗嘱时，三个孩子都从国外赶了回来，那学生也到了。

遗嘱宣读之后，三个孩子都变了脸，因为老人居然糊涂到把大部分的收藏都给了那个学生。老人的遗嘱写着："我知道我的学生可能贪图我的收藏，但是在我苍凉的晚年，真正陪我的是他。就算我的孩子们爱我，说在嘴里、挂在心上，却不伸出手来，那真爱也成了假爱。相反，就算我这个学生对我的情都是假的，假的帮我十几年，连句怨言都没有，也就算是真的！"

为什么老人将价值连城的古董给了学生而没有给三个孩子？文章诠释了人性的哪些本质？

都说"血浓于水"，我看真正的睿智之人是这位老者。他用行动

很好地回答了"血浓于水"的"是什么"与"为什么"。

5. 要说所教的课程其实并不难

这是一个教学心理暗示的问题。很多老师教了一辈子书都不懂这个道理，以为告诉学生课程的困难性会引起学生的重视，其实恰恰相反。

我在一本《大学教学技能》的书里看到书中有以下三段内容：

"结构化学"课在大学二年级下学期开设，我正式上这门课之前听到许多关于某老师的"名言"。比如：

有一次某老师在绪论课上说："这门课很重要，也很难，许多同学都因不及格而重修。这不，现在教师室里主要是03级的学生，此外还有02级、01级、00级的人。咦，那里还有一位97级的学生。"

在讲授轨道理论的时候，某老师曾经这样说过："这部分知识很难，我知道，有些同学说他没有听懂，我也很理解。但是有些同学说他听懂了，这我就不明白了。"

显然，作者是认同某老师的见解的，而我却实难苟同这样的观点。说实话，老师不是这样当的。这不仅是在吓唬学生，也同样说明某老师至多是一个"深入深出尤为可"的老师。难道不是这样吗？

6. 不要失言，这是教师的大忌

【词目】：失言 【意思】：无意中说出不该说的话。

【词意探源】：本指不该对某些人说某些话；后引申为无意中说

了不该说的话。

作为大学教师，每个人都要牢记，面对大学生，不该说的话绝对不能说，也就是要避免失言。如果失言了，一定要及时想办法补救。请看奥巴马总统是怎么样补救失言的。

图 2-4

奥巴马失言杯酒泯恩仇

2009 年 7 月哈佛黑人教授被捕事件闹得沸沸扬扬。美国总统奥巴马 7 月 30 日晚再次展现高超的公关技巧，邀请风波的两名当事人到白宫一起喝啤酒，为他们充当和事佬，副总统拜登也中途加入。

奥巴马致歉发邀请函

58 岁的哈佛大学黑人教授亨利·盖茨日前回家时因门锁故障欲破门而入，被邻居误判窃贼，后拒绝配合白人警察詹姆斯·克劳利的调查，结果被以妨害治安罪逮捕。误会澄清后，盖茨怒斥警方种族歧视，扬言打官司，克劳利辩称自己照章办事，不存在过错。

双方争执不下时，盖茨好友、美国总统奥巴马的表态让事态迅速激化，他出面痛斥警方"办事愚蠢"。克劳利随即要求总统道歉，并得到所在剑桥市警局支持，还有大量媒体批评奥巴马在不掌握全部事实的情况下就说警方"愚蠢"并与种族问题挂钩相当不妥。奥巴马随后也为失言遗憾，邀请盖茨和克劳利到白宫喝啤酒聊天，两人欣然接受。由于此事涉及美国最敏感的种族问题，且由首位黑人总统亲自调解，媒体高度关注，称其"啤酒峰会"。

"啤酒峰会"一团和气

当地时间 30 日傍晚，盖茨和克劳利在各自家人陪同下来到白宫。参观结束后，两人获邀前往奥巴马的椭圆形办公室。三人随后在白宫玫瑰园一棵木兰树下畅饮。盖茨和克劳利穿着黑色正装，席邻而坐。奥巴马和稍后加入的副总统拜登穿着白衬衫，显得相当随意。奥巴马不时抓起零食塞到嘴里，还一度大笑。

盖茨和克劳利在 40 分钟会面中没有再指责对方，且谁也没有道歉，但都表现出对彼此的尊重。克劳利会后透露自己未来还会和盖茨见面，"我们进行了坦率交流，决定向前看。你们今天看到的是两位先生同意就某个问题继续保持不同意见，我们把更多时间放在未来"。盖茨表示，尽管两人意见仍有分歧，但都从这场风波中学到深刻的教训。

奥巴马则在声明中总结说这是一次"友好和令人深思"的对话。"我注意到有人称这是一次'啤酒峰会'。这听上去很有趣，但这不是峰会，只是几个平常人在傍晚喝酒，倾听彼此。这就是全部，我们不是在开研讨会……我一直深信将我们凝聚在一起的力量大过阻隔我们的力量。今晚发生的一切让我信心倍增，希望每个人都能从这段'小插曲'中吸取正面经验。"

奥氏白人支持率下降

美国媒体评论，奥巴马非常希望这则风波赶紧过去。这起风波已给奥巴马造成不小的政治影响。事情曝光后他在没搞清楚全部情况时就批评警察愚蠢，不仅惹来"仇恨白人"的怀疑，也让他在白人中的民意支持率明显下降。更要命的是他推动医疗改革的努力完全没有得到媒体应有的重视。

（资料来源：四川新闻网 - 成都晚报（成都），2009-08-01）

奥巴马确实失言了。但奥巴马的高明之处就在于他的危机处理方式。奥巴马没有总统身份的傲慢，也没有所谓"丢份儿"的想法。他放下所谓的架子，将一件失言糗事演变成展现他"闻过则喜""礼贤下士"谦谦君子风度的"啤酒峰会"。最终皆大欢喜的结局，充分显示了他的睿智和幽默，手段非常高明。

7. 不要拖堂

拖堂是很多教师的坏习惯，容易引起学生的反感和厌倦，原因主要在教师本身。最好的处理方法是，当下课铃声响起时，果断地说：下课。

老师经常拖堂

图　2-5

王力先生拖堂逸事

王力先生取西欧人学拉丁文之长，构造了中国古代汉语课程体系，举国传承至今；创汉语史课程，于音韵词汇皆成体系，堪称一代宗师。我听过他的《汉语史》《汉语诗律学》，语调往往由高到低，余音袅袅，杳不可辨。先生治学严谨，第二堂课往往花几分钟订正前堂之误，上午第五六节课要上到十二点，每每拖课，调皮如我，遂将随身携带的搪瓷饭碗从阶梯教室的台阶上滚下，先生愕然问何事？答曰"饭碗肚子饿了"，先生乃恍然而笑。

北大中文系，让我把你摇醒 ——转自《文学报》，作者：孙绍振

从教育心理学的角度来看，拖堂违背了教育规律，是对学生的不尊重。虽然教师在课堂上处于主导地位，但拖堂则反映了教师把主导变成权威，忽视了学生的主体地位，既是对教学不负责的态度，也是对学生不负责的态度。按照大学教学规范的要求，教师在下课铃声响起时，应当马上停止授课，甚至还有半句话没有讲完也要咽回去。表面上看起来这似乎有点不近人情，但这种规范表明了强烈的遵守时间的意识，更是一种既尊重自己又尊重学生的良好习惯。

8. 教学要讲逻辑

许多人的毛病是上去就讲。不告诉学生这节课准备讲什么内容，分几个部分。正确的做法是：

首先呈现一张PPT，有一个流程图，使学生明白这节课的大致流程。通俗地说，老师讲课就像带领学生走路，要让学生睁开眼跟着老师走，而不是蒙着眼睛走。

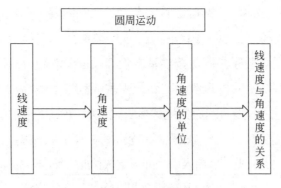

图 2-6 教学流程

教师就是导游，要告诉学生，我们现在站在哪，我们准备往哪里去，我们怎么到哪里去。要完成这个任务，就需要借助教学流程图。

9. 教学要讲节奏

（1）非常非常重要的一个问题。

（2）非常容易被忽视的一个问题。

（3）横看成岭侧成峰，远近高低各不同。

（4）喜怒哀乐常变换，轻重快慢各不同。

通俗地说，节奏包括三要素：一是语速时快时慢；二是语音忽高忽低；三是兼有适当停顿。

很多大学教师讲课乏味，很重要的原因就是因为教学语言的节奏感不好。平铺直叙，缺乏变化。甚至有些人教了一辈子书都不明白这个浅显的道理，坊间俗称"教了一辈子赖书"，是为可悲。

10. 什么样的课是一堂好课

对于什么样的课是一堂好课，麦可思的标准谨供参考。

授课考察评价标准覆盖教学态度、教学内容、教学设计、教学创新等几大部分，包括 10 项指标，如表 2-2 所示。其中 1、4、6、9 项是重点观测指标，也是教学基本素养最重要的部分。准入指标的得分情况可以从数据角度反映新入职教师教学素养结构中的优势和劣势，从而进一步有的放矢地建构长远性的教师教学能力提升方案，并循环改进到下一批新入职教师的教学准入机制实施中。

表 2-2　麦可思新入职教师课堂教学准入标准指标体系

	新入职教师课堂教学准入标准指标体系
1	讲课有激情，精神饱满
2	讲课有感染力，能吸引学生的注意
3	对问题的阐述深入浅出，有启发性
4	对问题的阐述简练准确，重点突出，思路清晰
5	熟悉内容，运用自如
6	讲述内容充实，信息量大
7	教学内容能反映或联系学科发展的新思路、新概念、新成果
8	能给予学生思考、联想、创新的启迪
9	能调动学生情绪，教学互动，课堂气氛活跃
10	能有效利用各种教学媒体

我认为，好的课堂教学是：

（1）体现知识内涵的课；

（2）体现方法内涵的课；

（3）体现思想内涵的课；

（4）体现思维内涵的课；

（5）体现情感内涵的课；

（6）体现教学创新的课。

第二节　教学高级规范

1. 实现从本色教师向角色教师的转换

本色教师——平时怎么说话，上课就怎么说话。

角色教师——平时怎么说话，上课不那么说话。

简单地说，像换了一个人。

角色教师——体现教学的基本规范，本色教师——彰显个人的独特魅力。

需要说明的是，教师一定要自觉地完成从本色教师到角色教师的转变。事实上，每一个大学教师都应当具有这样的观念，即在本质上，教师就是一个不画脸谱、不穿戏服的演员。三尺讲台就是教师的舞台。因此，那种讲课就像平时说话一样的教师，一定不符合教学技能的要求。教师的课堂教学语言是一种独白语言，没有人在日常的对话中采用独白语言的形式。反过来说，把日常生活的对话语言直接搬上讲台来讲课，是绝对不符合课堂教学语言的要求的。

当然，除此之外，教师的表情、手势、语气等，都要求符合教学技能的要求，而不是把日常生活状态直接搬上讲台。

2. 教师仪态与着装

教学仪态，简称教态，是教师进行课堂教学时、通过表情、手势、眼神、肢体姿态的变化以及站立和行走方式等体态的变化，表现教学内容的含义和情感的方式，是辅助教师传达课堂教学信息的重要教学行为。

基本要求：自然、亲切、端庄、大方、自信、从容、谦和、得体。

作为一名教师，着装也非常重要。教师着装的总体要求可用八个词来概括：端庄、大方、含蓄、稳重、简单、整洁、美观、和谐。

尤其需要指出的是，女教师上课不能穿低胸、露肩的衣服，不能穿短裙，不能化浓妆。

男教师要注意个人仪表，注意不能让鼻毛露出鼻孔，要经常刮胡子，避免邋里邋遢的形象。

3. 体现学科结构

杨振宁教授曾谓：研究物理如同看一幅画——远、中、近都要看，才能看出一幅画的全貌。

从这个观点引申出来，教师进行大学教学如同看一棵大树。要看到这棵大树的不同部分，才能算是真正的大学教学。

（1）树叶——科学知识；

（2）树枝——科学方法；

（3）树干——科学思想；

（4）树根——科学观念；

（5）空气与水——科学精神。

因此，教师的讲课既要讲科学知识，也要讲科学方法、科学思想、科学观念以及科学精神。只有这样，才是完整的大学教育。

4. 教师教学禁忌

（1）教师教学不要涉及政治敏感话题；

（2）教师教学不能讲黄段子；

（3）教师教学不能爆粗口。

5. 教师要热爱尊重学生

教师要热爱尊重学生，虽属老生常谈，但真正谈出新意，落实到行动上，却并非易事。在我看来，新东方老师的十戒，可资借鉴。

（1）永远不要说"这题我上节课不是讲过吗？"一遍就会的不是学生，是复读机，而所有的复读机都已保送清华了。

（2）让学生讨厌你的最快方法就是对他们说"你连这个都不会？"

（3）不要轻易说"这题很简单"，除非你能让题变简单。烂老师的口头禅是：你自己回去看。

（4）离谱的老师讲完题后直接讲下一题，没谱的老师讲完题问一下：这题你们听懂了吗？能够及格的老师会说：刚才这题老师有没有讲清楚？

（5）用"我建议"代替"你必须"，哪怕是为学生好。再冠冕的强迫也是强迫，再善意的控制也是控制。

（6）叫错或不记得学生的名字。

（7）走到学生旁边问他（她）有没有听懂的时候要捂掉话筒，不要让附近同学听到，因为没有一个学生喜欢对着别人的面说"不知道"。

（8）如果遇到几个女学生，校花和路人妹走在一起，先向长相普通的学生打招呼。如果遇到男生，先向内向的打招呼。

（9）课堂上答疑时，优待貌不出众、内向的学生。越是长得普通、没有特点的学生越是需要老师给予足够的关注。

（10）家长在外面的时候，尽量照顾到所有的学生，不要让任何一个家长误以为他的孩子没有被老师注意。在我们眼中，乔布斯的母亲和乔狗剩儿的母亲都是母亲。

最后一句话，"在我们眼中，乔布斯的母亲和乔狗剩儿的母亲都是母亲。"读罢让人潸然泪下。

6. 教师要展现幽默

"幽默"一词最早出现于屈原《九章·怀沙》中的"煦兮杳杳，孔静幽默"。然而这里的释义是安静，现在所指的"幽默"则是英文"Humor"的音译，最早由国学大师林语堂先生于1924年引入中国。幽默，形容有趣或可笑而意味深长。

林语堂先生在"论读书，论幽默"一书中写道："幽默有广义与狭义之分，在西文用法，常包括鄙俗的笑话在内……在狭义上，幽默是与郁剔、讥讽、揶揄区别的，这三四种风调，都含有笑的成分。不过笑本有苦笑、狂笑、淡笑、傻笑各种的不同，又笑之立意态度，也各有不同。有的是酸辣，有的是和缓，有的是鄙薄，有的是同情，有的是片语解颐，有的是基于整个人生观，有思想的寄托。最上乘的幽默，自然是表示'心灵的光辉与智慧的丰富'……各种风调之中，幽默最富于感情。"

幽默常会给人带来欢乐，其特点主要表现为机智、自嘲，调侃、风趣等。幽默是一种能激发起人类某种心理情感的智慧，在对逻辑性进行适当调控后可以起到对现实进行某种形式的加工或者破坏的效果。幽默或搞笑已经可以提升到哲学研究的范畴。可以毫不夸张地说，幽默就是一门哲学。

幽默在教学中的作用也是众所周知的。它借助含而不露的语言形式，活跃课堂教学气氛，缓解学生的疲劳程度，激发学生的学习兴趣，启迪学生深入思考，加深学生对知识的理解与记忆，从而达到顺利实现教学目的的目标。

当然，教学幽默与其他场合的幽默有所不同。教学幽默更多采用蕴含真理和发人深省的表达方式。所谓"天道恢恢，岂不大哉，谈言微中，亦可以解纷"，正说明了这个道理。

罗永浩幽默演讲的十招（例子＋分析＋金句）

罗永浩，男，1972年出生。锤子科技创始人。曾先后创办过牛博网、老罗英语培训学校，并著有《我的奋斗》一书。2012年5月，罗永浩创办了锤子科技（北京）有限公司，一家专注于新一代智能数码产品设计和研发的企业。

主要荣誉：2006年位列百度"十大风云人物"第七。2011年11月04日入选百度新闻人物。2012年入选2012中国青年领袖候选人。2014年《南方人物周刊》魅力人物之"任性之魅"。

老罗的演讲以时间长及全程无尿点著称。要说他是个企业家，倒不如说他是个资深的段子手。因此，他在演讲中的幽默方式是十分值得分析和玩味的。

方式一：能够自嘲的汉子，才是真汉子

代表言论：我一怒之下，在董事会上提出要招年薪十万的美工，这当然被我的大部分同事认为是十分滑稽的，认为是我这不分轻重的一生当中所做出的又一个非常经典的决策。（笑声、掌声）

代表言论：我是一个土鳖，所以我特意选择一些有留洋背景的老同事、老朋友，因为据说一个土鳖领着一群海归创业是一个很美好的景象。（笑声）

分析：名人用自嘲的方式会让大家觉得他很低调，很开得起玩笑，更容易亲近。这种方式的核心是"度"，自黑的不够，效果出不来，自黑的太过，会让人觉得矫情。

方式二：顺水推舟的美就在于，延伸后的反差

代表言论：没有好美工，我就以37岁的高龄自学。学到后来，我认识的广告公司、设计公司的朋友们说："老罗，你这个教育机构

现在倒闭也不怕，可以立刻再开一家广告设计公司。"（笑声）

代表言论：当我要干英语老师的时候，父母认为我疯了，问我不是最讨厌英语和老师吗？我说我就磨炼一下自己的人生意志，挑个最恶心的干干。

分析：顺着思路往下理，理出个最坏的结果，然后和当前情况比较或者和自身比较，产生笑点。这种方式的核心是"反差"。如果顺下去了，并没有反差，就没有幽默的因素在里面，就成了行业调查报告。

方式三：搞笑名句用对了，就是满分

代表言论：很多时候，我们想说实话，但是对方说："不可以。"我问："为什么不可以？"他们说："瞎说啥实话！"（笑声、掌声）

分析："瞎说啥实话"是赵本山的名句。用到上文的情景中，笑果十足。

方式四：卖萌有时候就是一种戏谑的天真

代表言论：当时我给公司起的名字是"老罗和他的朋友们"。这个名字听起来很酷，像是五百强企业。（笑声、掌声）

分析：卖萌？装傻？天真？一个公司名字听起来像世界500强，但实际上还差得很远，笑点就在这里。

方式五：低俗黑

代表言论：虽然我很调皮，但是母亲对我还是很宽容的。这种宽容的来源是我有个好哥哥。（笑声）

代表言论：惹祸也是分级别的。我上课看闲书，父亲被叫到学校，打开书包一看是《罗马帝国衰亡史》。我哥上课看闲书，父亲被叫到学校，打开书包一看是《金瓶梅》。

分析：和"三俗"沾边的都会被热捧。中国人太压抑的结果，无需过多解释。

方式六：高级黑

代表言论：中国所有的英语培训机构都会一种武功叫"N天搞定×××"。什么七天让你口语脱胎换骨、三天搞定雅思写作、十七天搞定 GRE 单词、四十秒搞定托福阅读。（爆笑）

代表言论：还有的英语培训机构总说"不"。"单词不用背，轻松通过 GRE。""谁还背单词？""啊？你还会背单词？谁背谁孙子。"（爆笑）

分析：没有无缘无故的黑。这种黑的前提是被黑对象的夸张营销根本站不住脚。

方式七：神转折

代表言论：被班主任家的小孩打了一个课间十分钟以后，上课铃响了。他说了一句让我毛骨悚然的话，"你先回去"。（笑声）当时我就蒙了。

代表言论：有个哥们说："罗哥，你应该去当英语老师。"我说："滚！"他小声嘟囔一句："据说年薪百万……"我腾的就从座位上站起来了。（笑声）

代表言论：招生广告是很麻烦的。一次我看我们的广告上写着"火热报名中"。我就很生气，叫来了设计师。我说咱们一天就来两个人，很火热吗？他说明白了。回头，我又去看，差点没把我气死，写着"冷淡报名中……"（爆笑）

分析：神转折？看看我在简书里面写的这篇参赛作品，有幽默、有转折。

方式八：低俗互动

代表言论：我开办的牛博网是没有低俗内容的。你们知道什么是低俗内容吗？（台下学生各种表情过后。）有些女同学挺老实，有些男生还在那摇头。假纯是吧？（爆笑）

分析：使用要谨慎，看场合。

方式九：高级互动

代表言论：好，大家再看一遍我们这个广告。可以把大灯关了，还有就是……一会儿他们一故障，马上开大灯，注意是大灯。（爆笑）

分析：这种方式郭德纲和岳云鹏是老用的。别的相声演员为什么用得少，因为这种方式比较难 hold 住。

方式十：生活阅历给搞笑一条不一样的路

代表言论：就像，我来北京十年了，对面那家商店整天对外用喇叭广播着"因本店倒闭……"实际效果没有，只会显得你很滑稽。

分析：对生活的观察，以及对自己阅历的独到见解都是幽默的源泉。毕竟这个世界从来没有缺少过美，只是缺少发现美的眼睛而已。

以上十种算是老罗比较核心的逻辑思维。当然他自己是不会计较其中蕴含的逻辑的。在使用过程中，他并不拘泥于一种，也会混合使用，交叉使用，但最核心的就是让你觉得很搞笑但不肤浅。

涉及我们个人，如果你想让自己的语言变得搞笑些，不要那么呆板，套用老罗的幽默逻辑，并结合到自己的生活实际上是一个很好的选择。

老罗的正经话有很多，最让我得到鼓舞的是这句：

我们大家要把事情努力朝正确的和好的方向去做。你看到身边一些做的恶心的人活的比你好，可能由于脆弱产生一时的动摇。但是坚持下去，一时一地我们不敢讲，长远地看，这个世界大体还是公平的是吧？所以，请大家有一个坚定的信念。

我们走上了社会以后，尤其是刚毕业不久的大学生，是很容易迷失方向的，也很容易被已经变恶心的中年人带跑偏，变成他们眼中的所谓"成熟"。能够不忘初心，始终坚持自己的纯粹，是十分难能可贵的。我会继续坚持，给我的理想主义找寻出路。

你呢？

（作者：看前面那座城）

7. 优秀教师要具备优秀的特征

优秀教师要具备哪些优秀的特征？对于这个问题，可谓"仁者见仁智者见智"。我看到新东方优秀教师的十大特征，认为基本上可以作为这个问题的答案。

有人赞美新东方老师讲课激情澎湃，充满热血；有人羡慕新东方老师学识渊博，出口成"段"；有人吐槽新东方老师"雌雄同体"，女汉子遍地……新东方老师究竟是什么样的？套用大文豪莎士比亚的一句著名经典名言，"一千个学员心中有一千个新东方老师"。忽然一块硕大板砖拍来，有读者看不下去了——莎士比亚啥时候说过这句名言，没知识不要乱写！没常识要找度娘！好吧……其实作者只是和莎翁神交已久，某天晚上依稀朦胧中和莎翁探讨过如果要他以新东方老师为原型写一幕剧，然后献礼新东方 20 周年，他会如何刻画人物。

话不多说，让我们来盘点下新东方老师的共同特点。我们最最亲爱的老师们，究竟是什么样的呢？网上关于此的文章不少，其中有一篇，小编读来尤其能代表新东方老师的特征，于是乎拿来与大家分享——

第一个特征是激情澎湃，Passionate

新东方老师最本质的特征就是生命热情迸发，血液激情流淌。在课堂上的一言一行都是激情的展现，通过激情影响人、震撼人、感染人，同时也通过激情感动自己。作为一名新东方老师，当你发现有学员在你课堂上睡觉时，当你发现来上课的学员越来越少时，当学生给你的课堂评分越来越低时，你会怎么做？我的观点是，学员永远是对的，因为你的课堂无法吸引他们，所以他们完全有理由选择某种方式来表达自己的不满。而你的课堂为什么不能吸引他们，没有激情、毫无活力应该是一个重要的原因。所以，想来新东方当一名受人尊敬的优秀老师，首先请把自己生命中最灿烂的激情点燃，然后，用它照亮你周围的人，包括学员，包括同事，包括领导。

第二个特征是幽默，Humorous

"学员造就新东方"是我们一贯的观点，同时我们要思考的是——学员怎样造就新东方？中国的培训机构千千万万，他们为什么会选择新东方？这就引出了我们的另外一个观点——老师是新东方的灵魂。学员选择新东方，不是看中新东方的地理位置、教学设备等方面，他们认准的目标只有一个——老师。因为新东方老师充满激情，还因为新东方的老师非常幽默。这种幽默不仅仅是在课堂上讲个笑话那么简单，而是一种与众不同的气质，一种特别的授课风格，比如根据某一个篇章、段落中的某一个单词、句型而展开的对人生感悟、人生哲理、思维方法的论述，从而充分展示新东方课堂的魅力。

第三个特征是雄辩，Eloquent

作为新东方老师，口才要非常好。在当今社会，口才的重要性是人所共知的。如果你认为只要有真才实学，口才好不好无所谓，那你就错了。我们可以假设一下：一位老师的确有深厚的英文功底，可是口头上的表达能力不够，当学生问他一个模棱两可的问题时，最有可能出现的情况就是自己心里明白，但是讲了半天把学生越弄越糊涂；或者当学生对他所讲的某一个难点提出质疑时，要么不知该怎么回答，要么语无伦次。这些都是在新东方课堂上不允许出现的情况。所以，想成为新东方的老师，想在新东方的讲台上演绎精彩，一颗激情的心，一张雄辩的嘴是必备条件之一。许多在新东方工作多年的优秀教师都有这样的共识：新东方讲台就是一个精彩的大舞台，老师就是那众所瞩目的舞者，你在讲台上的语言就好比是你在舞台上的舞姿。在舞台上舞姿不好是要被观众喝倒彩的，同样的，如果你在讲台上语言表达不流畅，肯定是要被学生哄下去的。这是游戏法则的无情捍卫者，但它同时也是最有情的学生利益保护者。

第四个特征是博学，Knowledgeable

这个道理说出来好像谁都能明白，但是真正理解的人恐怕并不多。当你真正达到幽默和雄辩的时候，你的成功与否又取决于是否博学多识。古人有一句话说得好："巧妇难为无米之炊。"同样的，作为一名老师，尤其是作为一名新东方的老师，没有渊博的知识是无法立足的。过去我常常讲这样的一个道理：如果一个人要想让自己的产品比别人的好，在其他条件大体相同的情况下，最有效的办法莫过于找一群最挑剔的顾客来批评，只有在近乎苛刻的批评中，那些平时不为人所认识的缺点才有可能暴露无遗，这样才能真正改进工艺，造出更好的产品来。同样的，这个道理也适用于今天的新东方，适用于每一位新东方老师，只要想想我们所面对的学生是全中国最优秀、最有历史责任感、最有可能改变中国前途和命运的有志青年，他们是中国的未来，他们也是全中国最具有批判精神的群体，在这样的一群人面前，如果你没有渊博的知识传授给他们，而只是在那里夸夸其谈、误人子弟，想一想都是一种罪过。只有当你确实有充足的"米"，能够做出足够的"炊"让大家吃饱时，你才有资格成为一名老师，才有可能成为一名新东方老师。一个人一定要有学问，才能够表达出来。所以新东方老师要不断地读书，无所不通、无所不精，这样才能迷住学生。

第五个特征是勤奋，Industrious

新东方的老师要想上好一节课需要十天的投入和准备，要想真正讲好两小时的课，需要十天的时间去不断地备课。只有当你的每一句话都是经过精心设计的，你的教学质量才能得到保证，才能够真正影响学生。有的人也许很羡慕新东方老师的生活，他们会这样想：做一个新东方老师，名利双收，上完课就可以休息，多舒服啊。但是，只要你随便去问一位新东方老师在新东方工作最大的感触是什么，得到的回答一定是——累。为什么，前面我讲到过，新东方老师面对的是全中国最具有批判精神，或者说是最挑剔的学生，只要老师上课学生稍微不满意，这位老师就危险了。怎样才能让学生满意呢，怎样才能把学生吸引到自己的课堂上呢？这是每一个新东方老师每天都在考虑的问题之一。要做到这些只有在一个方面上下功夫——时间，要做到这些只能用一种办法来解决——勤奋。我们新东方老师讲一节课往往需要许多天的准备，在课堂上讲的每一句话都是经过再三斟酌的，所以新东方的课堂总是有着别样的精彩。

第六个特征是有上进心，Aggressive

作为一名新东方老师是一种巨大的荣誉，也可以说是一种骄傲的资本，必须要好好珍惜。怎样珍惜呢？这就需要时刻保持旺盛的上进心。"不想当将军的士兵不是好士兵"，我们同样也可以说，没有上进心的老师不是好老师。为了真正的博学，必须要勤奋，同时，我们也要具有不断追求博学的信念，永远保持上进的心态。我常常对老师们这样说：作为一名新东方老师，在一次课结束以后，最应该问自己的一句话是"这次课我上的好吗"？这么多年的学习工作经历使我明白，学习真的就像逆水行舟，不进则退，要想达到俞敏洪老师说的"让优秀成为一种习惯"的境界，你必须不断地学习学习再学习，不管现在的你看起来有多么优秀，也许十年、也许五年、甚至二年到三年之后，你会成为井底之蛙，被学生抛弃、被新东方抛弃、被社会抛弃。

第七个特征是创新，Innovative

及时把握学生需求，紧紧跟随时代变化，不断创新才是真正的新东方人，才不可能被社会淘汰。在现在的时代里，竞争无处不在，每个人都有危机意识，我们已经目睹过太多的企业由盛极一时到破产倒闭的事例，我们已经听说过太多曾经成功人士的惨淡结局，这些都引起了我们的关注。有一句话在市场行为里被誉为至理名言："人无我有，人有我优"，这句话的实质就是不断地创新，永远领先别人一步，走在时代和市场的前列。在社会主义市场经济日益完善的今天，这句话同样适用于新东方，新东方老师必须不断地创新，在教学方法上创新，在教学理念上创新，只有这样，你才能走在前列，学生们才会源源不断而来，新东方才会再铸辉煌。我们永远会热烈欢迎那些和我们一样的优秀人才，我们会热烈拥抱比我们更加优秀的人才，我们也会毫不留情地坚决淘汰那些不适应新东方发展、不学习、不进步、不创新的人。

第八个特征是友好，Friendly

新东方是教育培训机构，老师与学员之间的关系不同于普通学校，被赋予了新的含义。在新东方做老师，服务意识也是特别重要的，对人友好既是新东方的要求，也是表现老师个人素质和人格魅力的重要方面。一个老师在讲台上讲课毫无表情，说话硬邦邦的，可以想象学生在下面的反应。这样的老师在新东方是待不下去的。新东方每年招聘来的老师为数不少，最后留下来并成为优秀教师的人数却并不是很多，其中有相当多的人就是因为表情过于呆板和语言太生硬而被新东方所放弃的，因为新东方需要的是优秀教师，而不是冷冰冰的说教人，因为学生需要的是态度友好、亦师亦友的良师，而并非迂腐的老学究。我在平时和老师们聊天的时候，总是说起这样一个观点：无论让别人做什么，即使不是为你而是为他们自己做事情，多说一个"请"字也许就会收到特别的效果。我自己就是这样做的，在许多时候，都会得到友好的回答。一个人需要 friendly，只有对身边的每一个人都非常友好，包括对学生友好，才能从学生当中学、从课堂当中学、从老师身上学，从我们身边的每一个人身上学习和收获。

第九个特征是爱国，Patriotic

新东方是中国人办的学校，有越来越多的学生通过在新东方学习而到了国外，因此，能不能教育所有的新东方人爱国非常重要。作为一个中国人，作为一个新东方人，怎样爱国呢？爱国不能只喊口号，就小处来说，踏踏实实地做好一份工作，把我们分内的工作做好就是爱国，爱国要从身边开始。比如说保洁员把地拖得非常干净，教室管理员把教室管理得井井有条，学生按时上课认真学习等都是爱国，老师把课上好毫无疑问也是一种爱国行为。就大处而言，就是以实际行动来为国家建设做出贡献。在各地新东方的 TOEFL，GRE，IELTS 等出国考试培训的课堂上，我们老师十分注意引导同学们建立这样的信念：努力学习，出国深造，学好技能，回国效力。当然，最终是否回国的决定权在学生自己手上，但是新东方的教育报国心由此可见一斑。

一个活生生的例子就是，在新东方众多老师中，出国留学归来加盟新东方的不在少数，具体数目我在此不便细说，现在他们都是新东方的优秀教师，在各自的岗位上努力工作着。试想一下，如果作为新东方老师自己都没有这样的信念，如何能教育学员树立这样的信念呢。另外，在生活中弘扬社会文明和道德，弘扬做人的操守也是一种爱国。作为新东方老师，怎样在教学活动中对学生进行爱国教育，也是需要好好思考的话题之一。

第十个特征是有共同信仰，Religious

新东方是人文气息很浓的地方，允许每个不同个性的人存在，我们不强迫员工搞什么所谓正规的一刀切，如要求统一着装、限制发型等，但是这不是说新东方没有凝聚力和向心力。相反，新东方拥有强大的凝聚力和向心力，因为我们新东方人有着共同的信仰。在新东方看来，个性自由与共同信仰是不矛盾的，它们应该是相辅相成的。在生活上我们允许甚至鼓励个性自由，正如我常常说的那样，如果新东方每一个人都是俞敏洪，那新东方就不是新东方了。但是在有些方面，例如教学理念，我们要求大家必须高度统一，这是我们的共同信仰。通俗来说，就是大家在某一个特定的地点、某一段特定的时间与某一群特定的人达成一种共识。作为一个新东方人，应该用这样一种愿景、用这样一种共同信仰朝着一个方向不断前进。有人说现代人做事需要三商，即智商、情商和胆商。胆商就是MBA课程中所说的机会商。在大家智商水平差不多、情商差别也不大的时候，机会就是成功的关键。

8. 本科教学教师不能坐着讲课

在本科教学中，通常要求教师要站着讲课，而不能坐着讲课，这是教学的基本规范。这不是影响不影响教学效果的问题，而是一个基本要求的问题。

其原因在于：第一，表示对学生的尊重；第二，避免长篇大论，或埋头念稿子的毛病；第三，显示教师的精神风貌；第四，增强和学生的交流，调节教学的气氛；第五，教师站立讲课，可以展现一个完整的形象。只有站立，才能使手势、身势自由地摆动。

9. 教学的重心是学生而不是教师

大学课堂教学的重心在哪里？

显而易见，教学的重心是学生而不是老师。何谓教学的重心？就是指教师在进行课堂教学时，要时刻牢记教学的目的、方式、手段乃至教师教学的一招一式、一颦一笑，都是指向学生的，是为学生掌握教学内容服务的。

在教学过程中，不是教师提问了学生，引导学生进行了讨论等，就算是把教学的重心放在了学生身上。而是指教师在整个教学过程中，是否从内心深处把学生置于教学的中心位置。这种境界，也许可以用"只可意会，难于言表"来形容。然而，一个教师的教学重心在哪里，不只听课的教师知道，学生更是心中有数。

10. 教学要教会学生如何做人

"千教万教教人求真，千学万学学做真人"。大学教学除了要教给学生知识外，还要教会学生如何做人。在某种程度上，教会学生做人甚至比教给学生知识更重要。

毅力，恒心，坚持，宽容，妥协，协商，合作，奋斗，理想，爱心，善良，正直，诚信，美感，求真，团体，尊严，尊重，平等，自由，民主，法治，亲情，爱情，友情，健康，健美，欣赏，境界，高尚，自我，感恩，慈善，同情，体谅，原谅，科学，正义，气质，卫生，衣着，自然，生命，自立。

以上这些，都应该作为教师教会学生如何做人的方面。

当然，作为教师，我们必须宽容成长中的学生。比如，很多学生毕业多年从来不看望老师。对此，我们每一个人都应该具有这样的理念：你来与不来，我都在这里，安心的教书育人；你去与不去，我还在这里，静静的祝福平安。

大学老师不能只当教书匠

《师说》有言："师者，所以传道、授业、解惑也。"韩愈强调的是老师传授道理和知识的作用。这是小学、中学老师的职责，但大学老师要做的，比这难得多。

如果按照教学成果来划分的话，我把我的大学老师们分成三类：

最不济的第三等老师顶着教师的桂冠，却没有为学生做出任何实质性的贡献。或是出于能力问题，或是态度问题，听其一节课还不如花同等时间自学的收获大。难以想象在国内最高学府还有这样

大学教学技能精进教程

的老师：上课迟到早退，随意接电话，却不向学生做任何解释。其教学质量可想而知。不赋予学生课堂的真正价值，就等于浪费学生的时间，实在值得反思。好在目前这类老师人数甚微。

二等老师传授知识技能。如今大学里的老师多属此类，方式可能有乏味和有趣之分，但最后的效果仅限于教会课程内容，学生学到了理论以便解释更多现象，学会了公式以便解答更多难题。我们无法断言这类大学老师有失职之嫌，因为知识也是经世致用的一部分，况且在过去，知识只能依靠老师来传承，但这一认识已在信息化社会被推翻。如果想学习，我们有谷歌学术搜索，有网易公开课，有国家图书馆，可以在卧虎藏龙的万千网民中寻找答案。因此，如果老师的功能止步于传授知识，那我们为何还要上课？

头等老师教的不仅是知识，还有除了知识以外的能让人活得更有意义的东西。这些东西到底是什么，每个人可以有不同的答案，但它一定是抽象到无法具体描述只能亲身体会的，比如获得快乐的能力，比如挑战自我的信心，比如独行其道的脱俗。当我们离开校园回忆老师的时候，记得的一定不是他传授了什么知识，而是他的性格、气质与为人。两年前上过一门社会学系的课程，老师人已中年，高大、儒雅、淡然，但在某一刻提起自己已故父亲的时候却突然流下眼泪，随之用手背一抹继续上课。也有老师讲新闻直播时，模仿阿姆斯特朗在月球上蹦蹦跳跳走路的样子，视学生如朋友。还有老师做记者几十年，用深厚的积淀来讲述新闻人的使命。有人会问，这些事让理工科老师们如何做到？可以借鉴一下哈佛学院前院长刘易斯的做法。他曾在计算机理论课上用五分钟时间介绍了图灵悲剧性的一生。谈到图灵因为当时人们对同性恋的偏见而自杀身亡时，台下鸦雀无声。如此出其不意的道德教育让学生们受到强大的冲击，这样一堂课才是理想的大学教学。老师们偶然间的一个举动、一句言语也许会铸就一个学生的梦想和追求，甚至改变他们的心境与执念。只是这类老师实在不可多得。

优秀的教师队伍是大学的灵魂，更是人类文明的承载者和传播者。可如今的大学老师却流于平庸。或许他们有百般无奈，为了养家糊口也得屈服于体制缺陷。但至少我们没有看到他们为了完成伟大使命而做出的努力。大学老师不会花时间去记得同学的名字，哪怕班上只有一二十人；也不会亲自批改作业并附上评语（大学至今我修过约 60 门课，为学生作业写评语的老师不超过 3 个）；更不会主动与同学打成一片。许多课程一星期只有一节，老师们都忙什么去了？他们与学生几乎完全割裂，成为高高在上的存在。"教育就是我们把在学校所学的内容全都忘记以后所剩下的东西。"这是爱因斯坦留给我印象最深刻的一句话，也比韩愈的理解更适合当作现代大学的核心理念。知识是容易被遗忘的，如果想获取知识，大可不必上大学，老师不是必须。大学最重要的任务是教会学生如何判断是非善恶、如何在现实与理想之间做选择、如何坚持自我、如何摆脱窠臼、如何包容尊重、如何服务社会……

老师，您的最大职责不是教书，而是育人。

（作者：沈佳妮）

Chapter 3

第三章　教学语言技能

课堂教学技能是教师传播和交流学科信息的基本组成要素，是教师进行课堂教学必须具备的技能和基本功。通常，人们把教学技能分为两大类：教学的语言技能和教学的动作技能。二者又各包括五项技能。本章介绍教学的语言技能，包括以下五项技能。

1. 语言技能——基本之技

2. 导入技能——开门之技

3. 讲解技能——表达之技

4. 提问技能——交流之技

5. 结束技能——关门之技

第一节　语言技能——基本之技

[导读]

晏才宏老师

2005 年，上海交通大学的晏才宏老师因肺癌去世，终年 57 岁。犹可感慨又令人无法释怀的是，这样一位身后被千人怀念、颂扬的老师，至死还只是一位讲师。

在上海交大电子信息与电子工程学院，晏才宏老师的教学水平有口皆碑。他的电路课，在学生网上评教活动中，以罕见的满分居全校之首。他上课已达到了这种境界：

一杯茶、一支粉笔随身，从不带课本和教学参考书，知识早已烂熟于胸，例题信手拈来，讲课条理清晰、自成体系。加上一手俊秀的板书，洪亮的嗓音，他的电路课被誉为"魔电"，几乎场场爆满，座无虚席。

学生在校园 BBS 上发表的悼文中说："他的课充满了激情，从头到尾都扣人心弦，简直像一部精彩的电影。""书本上那些枯燥的字句，到他嘴里就像活了一样，那些原本晦涩难懂的公式、定理，经过他的讲解，就变得非常简单明白。""理论讲述深入浅出，分析解题信手拈来，备课讲义自成体系，真是'魔电啊魔电'。"在所有追思晏才宏老师的文字中，下面的一句感人最深："不知道天堂里是不是也会有人学习电路呢？如果有，他们真的很幸运。"如果不是痛入肺腑，写不出来这样充满诗意的凄美文字。

这样一位深受学生喜爱的教师为什么至死连个副教授也评不上？表面看来，主要原因是他没有论文。根据高校现行考核体制，教师评职称主要看科研论文的数量，而晏才宏老师几乎没有发表过一篇"像样"的学术文章。但在更深层次上，则是对教师讲授技能的鄙视。对于讲课，许多人内心的潜台词通常是："讲课，不就是说话吗？只要会说话，人人都会讲课。"这实在是对教学技能的一种深深误解。

晏老师临终赠言

"世上没有爬不上的高山，没有学不会的学问，学识都是人类知识的积累。学生要学就一定能学会。"

"对自己学习的课程不要厌倦，要喜欢它。各门知识都有艰难和有趣的两面性，开始时难以理解，一旦领悟，便豁然开朗。忘掉它是学习，而要当成游戏法则，就会很有兴趣了。"

"学习态度要端正，不要应付考试，应付是最低标准。"

晏才宏老师是中国高等学校教学领域的丰碑。他具有独特而鲜明的品格，那就是对大学教学的热爱与精通。他也具有令人惋惜而骄傲的命运，那就是早逝于他无限留恋的教学岗位上，并在身后为学生所颂扬！

（资料来源：搜狐教育：一千篇悼文的证明！——晏才宏备享哀荣 拷问教师评价体系 责任编辑：赵学敏）

1. 教学语言技能的概念

教学语言技能是教师在教学信息交流过程中运用语言传播知识、指导学生学习的教学行为方式。

教学语言是一种独白语言。与对话语言不同的是，独白语言需要严格的逻辑连续性、结构完整性和修辞正确性。与书面语言不同的是，独白语言不允许修改，不能失言和长时间停顿。

2. 对于教学语言的要求

（1）清晰性——教师的语言应清晰入耳，要求用普通话讲课，发音准确、吐字清晰、音量适中；

（2）逻辑性——教学语言必须符合逻辑、语法，叙述连贯、有条理；

（3）准确性——对基本概念和原理表述准确，正确使用专有名词和术语，注重所教学科的特点，引用史料和数据要准确无误；

（4）简明性——简明扼要的语言好懂易记，且可节省学生的精力，语句太长、重复啰唆使教学失去感染力，反而引起学生厌烦；

（5）节奏性——节奏的构成要素有语速、重音、升降（扬抑）、停顿等。教学语言的节奏就是这些因素共同作用的结果。这就要求教学语言的语速适中——语速过慢，信息量过小，不利于学生集中注意力；语速过快，使学生来不及理解，即使理解了，印象也很浅显。此外，有适当的停顿也很重要。缺乏适当的停顿，就难以形成教学语言的节奏感。

（6）生动性——教师的语言应鲜明生动，富于感情，有感染力，有启发性。

3. 教学语言技能的构成要素

（1）语音

语音，即语言的声音，是语言符号系统的载体。教学中对语音的基本要求是，教学要使用普通话，吐字发音要符合普通话的读音规则，能读准音节的声母、韵母和声调。最低要求：普通话测试二级乙等。普通话水平达不到二级乙等会影响学生的听课效果。

（2）语速

语速是指讲话的平均速度。中央广播电台播音员的语速为每分钟 350 字左右。课堂口语的速度还要慢，以每分钟 200~250 字为宜，过快或过慢都会影响听课效果。

（3）音量

语音包括音高、音强、音长和音色。音量是指语音的音强，它由发声时的能量大小决定。教学语言必须有一个合理的音量。

音量不宜过大。音量过大，学生反而听不真切，还容易造成听觉疲劳。教师上课以中等强度音量为宜，教师讲得不吃力，学生听起来也轻松。

音量也不宜过小。应使最后一排学生在完全不吃力的情况下也能听清楚，但又不使前排的学生感到震耳。

音量还要有变化。教师在教学过程中，为了适应教学内容和与学生交流时情感变化的需要，要善于变化自己的音量，以及音高和音长。音量的变化是教师用语言进行教学调控的常规手段，用以显示教师教学语言的层次感和声音内在的错落美。同时也是体现教学语言节奏感的要求。

（4）语气

语气本是一个语言学术语，表示说话人对某一行为或事情的看法和态度，是思想感情运动状态支配下语句的声音形式。

一句话的语气主要决定于语调。句子的语气大致可以分为陈述、疑问、祈使、感叹几大类。

具体来说，语气指语句中的声音高低、快慢、强弱、虚实的变化，用以表现不同的思想感情。

语气修饰主要有：

① 压低语气——故意压低语气来讲授，是为了衬托和实现某种对比，以增强表达的分量；

② 增强语气——在讲解较重要的概念、结论、要点时，增强语气，引起学生的注意；

③ 变化语气——在讲课过程中，随着情意表达的需要，不时变化语气，使其有起伏变化，或强或弱，或快或慢，以表达语言文字之外的附加信息。

如何使用语气？

教师要知道教学内容中哪些部分需要有疑惑感，哪些部分有郑重感，哪些部分有兴奋感，那些部分有紧迫感等。这样才能使语气修饰符合教学内容的情感需要，才能恰当地选择陈述语气、疑问语气等进行教学。

（5）节奏

教学语言的节奏，指的是在一个相对完整的表述中，其语速的快慢、语音的强弱变化而形成的语流态势。换句话说，这些由语音的长短和停顿的长短所构成的快慢变化，伴随相应的语音强弱而变化，就是节奏。

教学的节奏类型

① 轻快型。声音清晰，但不用重力，语势跳跃是轻快的节奏。表现欢快、诙谐的情境。中央电视台少儿节目主持人鞠萍、刘纯燕

的主持节奏风格就是这种。

② 沉稳型。语速较慢，音强而有力是沉稳的节奏。表现庄重、肃穆、悲痛、沉重等情感。

③ 舒缓型。语速较缓慢，声轻而不着重用力，有意将语势拖沓一些是舒缓的节奏。表述幽静的场面、舒展的心情。中央电视台主持人赵忠祥老师的主持节奏风格就是这种。

④ 强疾型。语速加快，语音加重，语势加猛是强疾的节奏。表现紧张、急迫的心情。中央电视台主持人朱军、白岩松的主持节奏风格就是这种。

⑤ 平缓型。语音不高不低，语速不快不慢，语势自然是平缓的节奏。表现一般内容和心情。原中央电视台主持人崔永元的主持节奏风格就是这种。

在一节课里，教师应该多种节奏交错使用。

（6）语汇

语汇是指教学语言中的词汇和语法。

教师应具备较丰富的词汇量，并能正确熟练地运用于教学中。教师在教学中用词要准确，能用恰当的词汇表达一个意思，表达客观事物。下面是我为物理教育家乔际平教授文集写的后记初稿，读者不妨体会一下，什么叫好的语汇。

《乔际平文集》后记（摘录）

无论在任何时候，无论在任何意义上，学术与人品都是不可分割的。通过学术积累而完善人格，通过人格升华而提升学术，这是一个颠扑不变的发展规律。

乔际平先生在他的一生中，践行着"学术与做人同样重要"的人生信念，给我们树立了做人、做事、教书、育人的楷模与典范。他精湛的学术修养与高尚的完美人格，可谓高山仰止，景行行止。

回顾乔先生的一生，我们发现，乔先生是一个忘我工作而不知疲倦的人，是一个敢于承担而不推卸责任的人，是一个严于律己而宽以待人的人，是一个一言九鼎而信守诺言的人。"勤奋、责任、宽容、诚信"是他的人生信条。他高风亮节，具有完美而高尚的品德。高风亮节的背后，是真性情、真淳朴、真坦荡、真无私。他对学问、对亲人、对师友、对弟子……莫不如此。他实际上是一个永远的孩童，以一颗赤子之心，面对整个世界、整个人生。

4. 运用教学语言的要求

　　（1）发音准确清晰 [1]

　　课堂教学语言必须语音清晰，字正腔圆。而要做到这一点，教师应当用普通话教学且必须达到二级乙等的标准。

　　普通话二级乙等标准：

　　朗读和自由交谈时，个别调子不准，声韵母发音有不到位现象。难点音较多，失误较多。方言语调不明显，有使用方言词、方言语法的情况。测试总失分率在 20% 以内。

　　（2）语速快慢适度

　　课堂口语以每分钟 200~250 字为宜，过快或过慢都会影响听课效果。这是指课堂口语的平均语速。在实际教学中，教师要根据教学内容的变化调整语速。在讲到非重点部分，语速可以稍快，而当讲到重点、难点部分，语速就要变慢。具体而言，可以是讲前几句话语速较快，讲后几句话语速较慢。甚至在一句话中，可以是前几个字说的较快，而后面几个字说的较慢。简而言之，教师的课堂口语应该是该快则快，该慢则慢。

[1]　孙立仁.中学物理微格教学教程 [M].北京：科学出版社，1999.

（3）语调抑扬顿挫

教学语言还要注意语调的变化。

什么是语调？语调是由说话时语音高低轻重配置而形成的。一个人说话时给人的印象，肢体动作占 55%，语调占 38%，内容只占 7%。[1] 所以，教学语言的语调非常重要。如果教学语言的语调从头到尾都是平的，听课的学生就会觉得很枯燥。如果教学语言的语调具有恰当的变化，听课的学生就会觉得很惬意。但现实教学中不注意语调变化的老师不在少数。

已有研究表明：

① 教师用高亢型语调讲课的班级，学生容易表现出烦躁、厌倦的情绪，作业正确率平均为 68%；

② 教师用抑制型语调讲课的班级，学生很快表现出神情冷漠、注意力不集中的情绪，作业正确率平均为 59.4%；

③ 教师用平缓型语调讲课的班级，学生表情淡迟缓，作业正确率平均为 81.8%；

④ 教师用变换型语调讲课的班级，学生情绪兴奋，注意力集中，反应灵敏，作业正确率平均为 98%。

显然，作为一名大学教师，在教学中应时刻提醒自己变换语调讲课。应根据教学内容的要求，时而高亢，时而抑制，时而平缓。只有如此，才能真正成为一名优秀的大学教师。

（4）语言通顺流畅

语言流畅是教学语言最基本的要求。通俗地说，就是教师讲课时一句接一句地讲，不出现较长时间的停顿、迟滞、遗忘等现象。为了提高语言的流畅性，教师要强化自己的语言表达能力，方法之一是用手机或录像机录制自己讲课 5~10 分钟的视频，然后播放，查

---

[1] 孙立仁.中学物理微格教学教程 [M]. 北京：科学出版社，1999.

找自己讲课流畅性的不足。针对不足，再次录制播放。如此多次训练，直至教学语言的流畅性具有明显的改善。

（5）语言节奏恰当

先从音乐的节奏谈起。音乐的节奏是指音乐运动中音的长短和强弱。音乐的节奏常被比喻为音乐的骨架。

同样，教学语言的节奏也可以称为教师教学语言的骨架。简言之，教学语言的节奏就是教师在讲课时语速忽快忽慢，音量忽高忽低，兼有适当的停顿。注意到这三点，教师教学的节奏感就会好很多。

总体而言，教学语言优美教师的一个最大特点，就是时刻注意教学语言的节奏。

（6）语汇丰富生动

教学实践表明，有些教师讲课绘声绘色，出口成章，妙语连珠，如行云流水；也有教师讲课艰涩难懂，辞藻贫乏，味同嚼蜡，如老牛拉车。其中一个很大因素就是看这些教师的语汇够不够丰富。因此，要讲好课，教师还要提高自己的文学修养，不要以为语汇与讲课无关，请看近期网上的一个段子。

近日，对《中国诗词大会》上瘾，于是思考人为什么要读书？又如何用好的词语来描述心情和感受呢？

有人曾提出这样一个问题：大部分读过的书最后都会忘掉，那读书的意义何在？这是我见过最好的回答——"小的时候我吃了很多东西，其中的大部分我已记不清是什么，但我知道，他们已经成了我现在的骨和肉。"读书，也是如此。它在不知不觉中就已经影响了你的思想，你的言行，你的形象。

1. 当你开心的时候，

你可以说：

春风得意马蹄疾，一日看尽长安花。

而不是只会说：

哈哈哈哈哈哈哈……

2. 当你伤心的时候，

你可以说：

问君能有几多愁，恰似一江春水向东流。

而不是只会说：

我的心好痛！

3. 当你看到帅哥时，

你可以说：

陌上人如玉，公子世无双。

而不是只会说：

哇，好帅！

哎呀，太帅了！

4. 当你看到美女时，

你可以说：

北方有佳人，绝世而独立。

而不是只会说：

我去，她好美！

我去，她真美！

5. 当你遇见渣男时，

你可以说：

遇人不淑，识人不善。

而不是只会说：

瞎了老子的狗眼！

6. 当你向一个人表达爱意时，

你可以说：

山有木兮木有枝，心悦君兮君不知。

而不是只会说：

我喜欢你，天荒地老，海枯石烂！

7. 当你思念一个人的时候，

你可以说：

衣带渐宽终不悔，为伊消得人憔悴。

而不是只会说：

我想死你啦！

8. 当你失恋的时候，

你可以说：

人生若只如初见，何事秋风悲画扇。

而不是只会说：

蓝瘦，香菇！

9. 结婚的时候，

你可以说：

春宵一刻值千金，花有清香月有阴。

而不是只会说：

嘿嘿嘿嘿嘿嘿嘿……

10. 分手的时候,

你可以说:

相濡以沫,不如相忘于江湖。

而不是只会说:

我们不合适!

11. 看见大漠戈壁的时候,

你可以说:

大漠孤烟直,长河落日圆。

而不是只会说:

唉呀妈呀,这全都是沙子!

12. 看见夕阳余晖的时候

你可以说:

落霞与孤鹜齐飞,秋水共长天一色。

而不是只会说:

看,这夕阳!

看呐,还有鸟!

13. 父子二人饮茶,

儿问:"为什么要我读书?"

父答:"我这么跟你说吧!你读了书,喝这茶时就会说:'此茶汤色澄红透亮,气味幽香如兰,口感饱满纯正,圆润如诗,回味甘醇,齿颊留芳,韵味十足,顿觉如梦似幻,仿佛天上人间,真乃茶中极品!'而如果你没有读书,你就会说:'茶不赖啊!'"

（锦时—百家号）

读读上面的文字，就不难理解语汇对于一个教师讲课的重要性。

5. 语言技能的评价内容与标准

表 3-1　语言技能的评价内容与标准

评 价 内 容	评 价 标 准				
	优	良	及格	不及格	权重
1. 语言流畅，语速、节奏适当					0.10
2. 正确使用学科名词术语					0.13
3. 说话通俗易懂					0.10
4. 表达条理清楚					0.13
5. 语言有感情，有趣味性和启发性					0.10
6. 普通话语音准确、音量适中					0.10
7. 语调抑扬顿挫					0.08
8. 语句长短合适					0.08
9. 简明扼要，没有不必要的重复					0.10
10. 没有口头和多余语气助词					0.08

第二节　导入技能——开门之技

[导读]

迈克尔·桑德尔教授

迈克尔·桑德尔是哈佛大学政府系讲座教授，美国人文艺术与科学学院院士。1980 年开始主讲本科通识课程——"公正：该如何做是好？"。

30 多年来，已经有超过 15000 名大学生修读了这门哲学课。2007 年秋季更是有 1115 名大学生选修该课程，创下哈佛大学的历史记录，被认为是哈佛历史上最受欢迎的课。英国《卫报》评价桑德尔教授为"世界上最受欢迎的老师之一"。哈佛大学与波士顿公共电视台合作将桑德尔的 24 节"公正：该如何做是好？"全程录制下来，制成 12 集的视频教学片。

所有聆听过桑德尔教授讲课的人，一定会对他讲的故事留下深刻的印象。真实发生过的故事、案例几乎贯穿了整个讲座。如果实在没有合适的案例，就假设某种情景，从中引出要讨论的话题。在本课第一讲中，桑德尔开始就说道"我们用一个故事引出这门"公正：该如何做是好？"课。"接着他说起了虚拟的电车司机的故事。此后，在各个讲座中故事不断。有医生偷摘患者器官的虚拟故事，有比尔·克林顿在莫妮卡·莱温斯基事件中发表电视讲话时偷换概念的故事，有向凶手撒谎的故事，以及海上救生艇食人惨案的故事、菲利普·莫里斯烟草公司在捷克推销香烟的故事、福特平托车的故事、禁止司机使用手机的故事，等等。这些故事有两个共同点：一是导出接下来要讨论的内容，服务于本次甚至今后若干次课的内容；二是没有标准答案。显然，桑德尔教授做了精心准备。尽管有的故事是大众所熟知的，但他也要从一个全新的角度来思考，让故事为理论服务。

如海上救生艇食人惨案的故事。这本来是 100 多年前发生的一个真实的惨案。1884 年 7 月 5 日，船长托马斯·达德利（Thomas Dudley），大副埃德温·斯蒂芬斯（Edwin Stephens）、船员埃德蒙·布鲁克斯（Edmund Brooks）和 17 岁的孤儿、仆人理查德·帕克（Richard Parker）因游船失事，被迫逃到了救生艇上。7 月 25 日，达德利和斯蒂芬斯合谋杀了帕克，并靠他的血和肉维持了 4 天，最后得救。法庭裁决达德利和斯蒂芬斯死刑，最后女王特赦了被告。

桑德尔教授回溯到了事情的起始状态并且发问：在当时的情景下，如果不吃人肉，四个人都会死。在这种情况下，该怎样做才算是正义之举？

事实上，桑德尔教授设计和描述的问题情景并不单纯是为了活跃课堂气氛，吸引学生的注意力，为讨论而讨论。恰恰相反，他对每一个问题情景的引用和设计都饱含深意和"预谋"，都是为了引出对现实和哲学问题的关注和思考，都是为了培养学生的人文关怀和担当意识，激发他们研读哲学经典的热情和关注人生根本问题的兴趣。在桑德尔教授的公开课中，讨论话题涉及生与死、何为快乐、言论自由、何为平等、同性婚姻、道德准则、公平的起点、生命的价值等一系列当下社会的重要问题。这些问题是同哲学家的思考联系在一起的。桑德尔教授正是通过这些问题引导学生阅读亚里士多德、康德、洛克、密尔等人的经典名著，让他们在这些基本问题上同哲学家进行对话，从而提升学生的哲学素养。

综上所述，无论是桑德尔教授的导入，还是桑德尔教授与学生的对话或者讲解，都秉承着独特的教育理念，展示出教育的真谛：

教育是使人觉悟从而认知到自己作为个体的价值；

教育是使人学会提问和质疑从而逐步生成批判意识；

教育是使人学会观察和对话从而让自己和他人一起去揭示这个世界。

概而言之，教育的最终目的是为了解放自己和他人，同时也是为了改造世界。

（迈克尔·桑德尔的讲课艺术及对理论教学的启示 [J]. 高教论坛 .2012（01）作者：易文）

1. 导入技能的概念

导入技能是教师在进行新课教学时，运用建立问题情境的方式，引起学生注意，激发学习兴趣，明确学习目标，产生学习需要，形成学习动机的一类教学行为。

2. 导入技能的构成要素

其实，仔细研读导入技能的定义，不难发现其中的关键词，那就是注意、兴趣、目标、需要和动机。正是这些关键词，构成了导入技能的要素。

（1）引起注意

引起注意是指在教学的开始阶段，教师通过有效的教学活动，使学生的注意力集中到学习上，进入到学习的准备状态。

如果是上午第一节课，教师要思考如何把学生的注意力从起床、吃早饭等日常活动中拉回到学习情境中。如果不是第一节课，教师则要思考怎样把学生的思绪从上一节课的内容中拉回到本节课中。

通常，教师引起学生注意的方式是通过语言直接提出要求，含蓄一点的方式是目视学生，与学生有目光接触，也可以通过在讲台上踱步引起学生的注意。学生注意力集中的表现为抬头凝视、侧耳倾听、思考入神、寂静无声等。

（2）激发学习兴趣

兴趣，是人们力求认识某种事物或爱好某种活动的倾向。生动有趣的导入技能会使学生产生暂时性兴趣，而伴随着教学的展开以及学生顺利地掌握知识，又会使暂时性兴趣转化为持久性兴趣。兴趣作为学生学习的一种内驱力，它刺激学生并引起学生的反应（活动和动作），反应的结果则导致学生学习需要的满足。

（3）明确学习目标

明确学习目标是指教师开宗明义地指出本节课的教学任务，提示教学内容和教学方式，使学生明确自己的学习任务，即每个学生都要了解自己应该听什么、看什么、想什么、做什么、问什么，明确达到何种标准才算符合教学要求，从而产生学习需要。

（4）产生学习需要

通过导入技能使学生产生学习需要是导入技能的重要构成因素。学习需要是学习动机的基本构成要素，是学习者追求学业成就的倾向，表现为学习的愿望和意向。学习需要主要包括认知需要、交往需要和自我提高需要。

认知需要是一种要求知道和理解事物，要求掌握知识和解决问题的需要。认知需要直接指向学习活动和学习内容本身，并以获得知识为满足。

交往需要指的是在人与人的交往中个体希望获得长者或同学的接纳和赞许的需要。它不直接指向知识本身，而是把学习作为获得接纳和赞许的手段。

自我提高需要指由学业成就而获得地位和威望的需要。自我提高需要也不直接指向知识本身，而是指向获得地位和自尊，并指向未来的学术和职业地位。

（5）形成学习动机

学习动机是指引发与维持学生的学习行为，并使之指向一定学业目标的一种动力倾向。学习动机可以解释引发、定向与维持学习行为的原因。动机的引发作用是指当学生对于某些知识或技能产生迫切的学习需要时，就会引发学习内驱力，唤起内部的激动状态，产生焦虑、渴求等心理体验，并激发起一定的学习行为。

学习动机的分类有许多种，最常见的是分为内部动机与外部动机两类。

内部动机指因学习活动本身的意义和价值所引起的动机。动机满足在活动之内，不在活动之外，学生努力学习仅仅因为他们感兴趣或者在学习中能够获得乐趣。

外部动机是指因学习活动的外部后果而引起的动机。从事学习活动是达到某种结果的手段。动机的满足不在活动之内而在活动之外。学生努力学习是想在考试中获得好成绩、得到奖励、取悦老师或者逃避惩罚，学习成了获得表扬的一种手段。

3. 导入技能的构成类型

课堂教学中常用的导入技能主要有以下几种类型。教师在教学中可以根据教学的需要选择其中的一种或几种。

（1）直接导入

直接导入就是直接阐明学习内容，明确学习目的和学习程序与要求的导入方法。

直接导入是在上课后，教师开门见山地介绍本节课的教学目标和要求，提纲挈领地交代教学内容和重点的一种导入方式。这种方式能够在较短时间内引起学生的注意，教学效率较高，具有简洁明快的特点。此外，采用直接导入方式的原因是因为使用其他导入方式有困难或者效果不理想。

（2）经验导入

经验导入以学生已有的生活经验为出发点，通过描述式的讲解、提问引起学生回忆。或者通过演示再现生活经验，从而引导学生发现问题的导入方法。

经验导入通常在教学内容与大部分学生的生活经验既有联系又有区别时采用。

这样的教师谁不喜欢都难——物理课的开场白

桑卡尔教授抛出一粒糖，一个学生接住了，教授叫了一声好："这个同学对糖的落点判断得很好，我们马上要学的牛顿力学要解决的问题，其实就是一个判断落点的问题，就是'基于现在预测未来'。"

这是耶鲁大学公开课视频中桑卡尔教授物理课的一个场景。教授说:"在座的有各种专业的学生——比如学医的学生——不知道相对论、量子力学有什么用,但是如果有一天你的病人以光速逃跑了,你就知道该怎么做了;儿科的,你发现小孩子老是坐不住,你就明白那是因为量子力学不允许一个物体同时拥有确定的位置和动量。"

学生们大笑,继续听教授忽悠:"我读书的时候,教材只有三百页,现在一千一百页。我看你们谁的头也没有比我大三倍,所以我断定你们谁也读不完这本书。我将选重要的来讲,因此你只有来上课才能知道我们要学什么。你如果确实有事,比如,要结婚、器官移植什么的,不来也是可以的。但是器官移植,你要给我出示换下来的器官或组织;结婚,你要给我出示配偶;如果祖父母外祖父母去世了,四个以下我会相信的,但是五次以上,我就要查你的家谱。"

学生们狂笑。

教授继续说:"我不喜欢学生上课随便说话,但是你如果对旁边的同学说:'帮我捡一下心脏起搏器',那肯定没问题。如果有人要睡觉,我很理解,你需要休息。以前我上课,睡觉的都在前排,他们说,只有听见我说话的地方才能睡得香。但是今天这里的音响好,哪都能听清,不一定要到前排来,后面照样睡得好。我只要求你别说梦话,还有就是睡觉的坐在两个不睡觉的人中间,免得形成多米诺效应一起倒下,对我的声誉不好。"

教授看大家笑得前仰后合,还"变本加厉":"我担心有时气氛不够活跃,跟录像方商量可否像情景喜剧一样加上一些笑声,他们说不行。我只能自己应付了。"

开场白的最后,他说:"如果是有关课程的问题,你们可以随时打断我。我教这个课很多年了,对我来说,唯一不同的是你们提出的问题，它可能是非常有创造力的问题。这个课程年复一年似乎天经地义重复的那些知识忽然变得苍白无力，可能就是因为你提出的问题。"

报载，毕业于中国名校的某先生，过去多少还有点"牛校感"，看了美国名校的公开课，他悲凉地声称："我显然已经不敢把我读的学校叫作大学了。"

"为什么我们的学校总是培养不出杰出人才？"著名的钱学森之问是否可以从耶鲁教授一堂物理课的开场白中找到一些答案呢？

感想：喜欢就是这样喜欢的！喜欢原本就是轻松、愉悦的。

（资料来源：《读者》2012年第8期　作者：裴智新）

（3）实验导入

实验导入是教师以演示实验的方式设置学习情境的导入方法。

实验导入具有直观生动的特点，容易吸引学生的注意，激发学生的兴趣，往往能够取得好的导入效果。然而，教师还要清醒地认识到实验导入的不足。由于实验器材多样，实验只能呈现现象。如果教师不能够及时地将实验现象与学生要学习的内容加以联系，从而形成问题情境，就有可能使实验导入的效果大打折扣。

（4）旧知识导入

先对旧知识进行复习，然后对照新的学习情境发现问题，明确学习任务的导入方法。

这种导入技能并不具有普遍性，而是具有一定的独特性。也就是说，只有当本节课的教学内容与以往的教学内容有高度关联且非常有必要复习以往的内容时才采用。

这种导入技能通常也叫复习旧课引入新课。

（5）直观导入

直观导入是以引导学生观察实物、模型、图表、电影、电视、幻灯等活动设置学习情境的导入方法。

与其他导入技能相比，直观导入的教学效果是最好的，也是最吸引学生的。特别是电影、电视等视频，更是直观导入情境设置的好材料。

比如，在讲动量定理时，可以举人乘车系安全带的例子来说明。这时，教师可以放央视的视频。大客车上有22名乘客都没有系安全带，当大客车翻到路边的沟里时，大客车上的乘客全部在车上飞起来，即使抓住扶手也控制不住身体，结果导致1人死亡，21人受伤。但司机没有大碍，因为车上只有司机一人系了安全带。

（6）故事、事例导入

以学生生活中所熟悉的事例或报纸上的新闻、历史故事、科学史上的事例设置学习情境的导入方法。

这种导入方式要求学生生活中所熟悉的事例或报纸上的新闻与教学内容要高度相关，且具有启发性。[1]

（7）悬念导入

以认知冲突的方式设疑，即以学生强烈的关切心情为特点的导入方法。产生认知冲突的方式有：

① 惊奇——展示违背学生已有观念的现象；

② 疑惑——使学生产生相信与怀疑的矛盾；

③ 迷惑——提供一些似是而非的选择，学生已有的经验中缺乏可以辨别的手段而产生迷惑；

④ 矛盾——在推理性的导入过程中，教师故意引述两个或多个相反的推理，使学生产生认知冲突。

---

[1]　孙立仁 . 中学物理微格教学教程 [M]. 北京：科学出版社，1999.

4. 导入技能的应用要点

（1）明确目的

所谓明确导入目的，就是说无论采用何种导入方式，都应该使设置的问题情境直接指向教学目标。通过导入，能够使学生初步明确这节课将要学习什么，怎么去学习，最终要解决什么问题？

（2）强调连接

注意连接是指，教学情境与教学目标是高度关联的，而不是若即若离的或间接的。这就要求学习情境的设置应在分析新知识的逻辑意义和学生认知结构的基础上进行，从而建立两者之间的实质性联系。

比如，采用实验导入时，教师不能一上课就说，我们先来看一个实验，接着就开始演示实验。而是要依据注意连接的要求，先过渡一下，说明这节课的目的，再说明为什么要做演示实验。这就是导入技能应用要点中注意连接的要求。

（3）要求简洁

导入仅仅是课堂教学过程中初始阶段的一个环节，为了有充足的时间进行新课教学，导入的时间不能太长，一般以3~5分钟为宜。教师力争用最少的话语，最短的时间，缩短师生间的距离以及学生与教学内容之间的距离，将学生带入教学的情境中。

（4）注意启发

导入处于整个教学环节的开端，对于整节课的教学走向都具有导向作用。因此，注意启发就理所当然地成为导入技能的应用要点。教师上课伊始就运用启发性的导入来激发学生的思维活动，必然能够有效地引起学生对学习新知识的渴求，从而起到抛砖引玉的作用。

5. 导入技能的评价内容与标准

表 3-2　导入技能的评价内容与标准

评 价 内 容	评 价 标 准				
	优	良	及格	不及格	权重
1. 导入目的明确					0.20
2. 导入的方法与新知识联系紧密					0.20
3. 导入进入新课题自然					0.15
4. 能引起学生的兴趣，集中注意					0.15
5. 语言清晰、有创意					0.15
6. 面向全体学生					0.15

第三节　讲解技能——表达之技

[导读]

仙师俞允强

北大物理系是个能人云集的地方。当年复旦大学大肆炒作博导讲本科生课程的时候，全复旦不过区区八名博导给本科生上课。但我在北大的四年中，在讲台上给我教益的博导已经不只此数。可见北大本科生课程质量之高。

在这些老师之中，有的老师不但能在课程上指导我们，在人生观世界观的建立上也给了我们莫大的指导。他们当得起"先生"这一称呼。如数学系教高数的李忠先生，本系教热统的林宗涵先生，再就是前面提到的俞允强先生。

第一次见到俞允强先生是在一九九八年，他教授我们电动力学课。早就听说他是个牛人，当然"四大杀手"的名单中也赫然有他的名字。但是，当他出现在一教一层那间并不宽敞的教室中时，我们怎么也不能把传说中的人物和眼前这个略显猥琐的小老头对应起来。北大的老师看上去都很有个性，李忠先生的不羁，陈秉乾老师的仙风道骨都能给人留下很深的第一印象。特别是刚刚给我们上了第一节热统课的林宗涵先生，那种天生的潇洒，更是成为女生热衷的话题。而眼前的这位老师，介于焦黄和苍白之间的头发，略显佝偻的身躯，特别是两个大大的黑眼圈，都让人看不出他是一位优秀的教师。

第一节课上的也比较乏味，俞先生没有林宗涵先生那种浑厚的男中音，又是仅仅介绍了一下本门课程研究的领域和进度的安排。我们六十几个人挤在一间只有四十几张椅子的教室里，空气之差可想而知。再加上课程没有什么实际的内容，很多同学都在打瞌睡，我也是其中一个。

第二次上课的时候，俞先生已经联系到了文史109，我们终于有了一个宽敞的环境，听起课来心情也好了很多。开始的几节课讲的几乎都是电磁学讲过的知识，但是他的讲课方法仍然让我们学到了很多新的东西。俞先生不喜欢按着课本上的条理讲课，而总是试图向我们展示科学发展的过程。他讲课的一个标准的套路是：回顾当年的理论发展状况→回顾当年实验对理论的挑战→理论如何发展以解释新的实验结果→新理论的预言是什么→这些预言如何被新的实验所检验。我第一次从他的讲述中了解到，我们所学习的物理学是如何发展到今天的样子的。在这种时候，讲台上俞先生的影子模糊了，俞先生的声音也模糊了，我感到一种心与心之间的直接交流，仿佛在俞先生的带领下，回到了电动力学产生的年代，亲自参与了这门科学的发展。一堂课下来，我经常不记得俞先生的任何一句话，任何一个动作，但对这节课介绍的理论的来龙去脉却有着无比清楚的认识。

随着对俞先生的了解，同学们对他的谈论也多了起来。很多同学对俞先生上课的条理性和逻辑严谨十分佩服。我每次都听得太投入，反而没有感觉。有一次上课，我刻意地注意了一下，发现俞先生上课时表现出来的层次条理，没有任何一位其他的老师可以与之相比。更为难能可贵的是他表述的严谨，由确定理论推断出的"是"、由新理论推导的"可能是"和与试验不符合的理论结果"应该是"，在整整两个小时的时间里，他竟然没有一次混淆。那是第一次也是最后一次我听到了他上课的每一句话。

俞先生给我印象最深的一次是他对相对论产生的描述。与一般老师不同的是，他讲相对论不是按照爱因斯坦的思路，而是遵循了洛仑兹的思路。他从麦克斯韦方程组入手，经过推导，得到电磁波的波动方程。方程中速度项只与介电常数和磁导率有关，与参照系的选取没有关系。这就预示着对于电磁波的描述中要么牛顿的绝对空间不成立，要么麦克斯韦方程组不成立。牛顿力学是当时物理学的基础，没有人敢质疑。所以洛仑兹提出了洛仑兹变换，试图使牛顿力学与麦克斯韦方程协调起来。洛仑兹变换几乎预言了狭义相对论的一切结果，但没有人知道为什么会有这一变换。而爱因斯坦只是给了这一变换一个新的物理意义。爱因斯坦提出了一个重要的思想：所有的惯性系是等价的，这就是著名的相对性原理（狭义）。在此基础上加上由麦克斯韦方程推导出来的结果，可以很容易得出整个狭义相对论体系。而在以后的课堂上，俞先生经常在黑板上进行一些推导（俞先生认为在课堂上推导是浪费时间，这种纯数学的工作应该学生课下自己完成），每进行一步就问一下大家是不是显然的，当推出一个结果后，俞先生会突然大声说道："这并不显然！"然后把我们认为理所当然的地方详细推敲。在相对论意义下，很多常识虽然是对的，但并不是显然的事情，而更多的常识根本就是错的。俞先生用这种方法一点一点去除我们的思维定式，直到我们能用相对论的方法思考问题。在这个过程中我们同时认识到：世界上很多看似理所当然的事其实并不显然。虽然这一句话好像很容易明白，但能亲身体会到并能时时注意这一点并不容易。俞先生帮我们养成了这样的习惯。

俞先生是个严格的人，当年期末考试"杀了"超过20%的人。我运气较好，幸免于难。但即使被他咔嚓的人，也都异口同声地认为，他是本系最好的老师之一。这就难能可贵了。

离开北大后，我听说俞先生又开设了物理宇宙学。由于某些原因，我没有机会再系统地聆听俞先生的教诲，两个学期中，我在文史109和一教二楼断断续续地听完了先生的物理宇宙学。先生很适合讲解这种恢宏的学科。在这两个学期中，我又学到了很多东西。

后来，我到计算所读研，去了玉泉路，一年多没有回北大。昨天在网上忽然发现有俞先生的讲座，便早早赶来。俞先生本来黄白的头发几乎全白了，人也好像更老了，但好在讲台上的风采依旧。我在中科院研究生院听了一年的计算机课，不知道对物理还有没有感觉，但俞先生仿佛又带我回到了本科的时代。

在讲座的过程中，同学们鼓掌四次，最长的一次将近半分钟。在这短短的两个半小时里，又一批学生被俞先生感染，被俞先生超人的魅力征服。

俞先生在我心中永远是讲台上的超人，没有人能与他相比。

（俞允强，1937年出生。1959年毕业于北京大学物理系。1982年在意大利的SISSA获天体物理博士学位。现任北京大学教授，理论物理博士生导师。他长期讲授各种理论物理基础课，一直颇获好评。近十余年研究广义相对论和宇宙学，也讲授相关课程。他的研究论文和教学工作都曾多次获奖。所著《广义相对论引论》于1989年曾获国家级优秀教材奖。此外，著有《电动力学简明教程》《热大爆炸宇宙学》等。）

1.讲解技能的概念

讲解技能是教师主要用语言的方式，向学生传授知识和方法，形成思想与观念，启发思维，表达思想感情的一类教学行为。

2. 讲解技能的功能

为什么要讲解？

从知识论上讲，科学知识难于学习的原因主要源于其累积性、逻辑性和经验性。

科学知识的累积性首先给科学教育带来了困难。现代科学知识是近代三百多年来无数位科学家智慧的结晶。小学生一节课所学的内容，可能代表了早期几代科学家的劳动；中学生十几个学时的牛顿力学内容，集中反映了16—17世纪许多物理学家的成果；而对于坐在大学高年级课堂里的学生而言，他们已经处于基本了解了全部前人的成果，而正在进入向新的发现迈进的阶段。

从这个意义上讲，讲授法有利于解决科学知识"知识点"多而课时少的问题，以提高教学的效率。当然，对于不同学习阶段、不同认知水平的学生，讲授法与探究法的比例应该有所不同。

科学知识的逻辑性也给科学教育带来了特殊的困难。积累不是堆积，而是建立在严密的逻辑联系之上的。联系的途径有两条：一条是亲身体验，经过探究学到了知识或改变了误解的概念；另一条是逻辑推理。而逻辑是不能用通常的感觉器官去体验的东西，它是一种特殊的心理体验。通过它可以将新旧经验和新旧知识连接起来，弥补感觉经验的不足。

什么是感觉器官？感觉器官是人体与外界环境发生联系，感知周围事物的变化的一类器官。人体有多种感觉器官，主要是眼、耳、鼻、舌、皮肤等。

什么叫逻辑？逻辑指的是思维的规律和规则，是对思维过程的抽象。

狭义上逻辑既指思维的规律，也指研究思维规律的学科即逻辑学。广义上逻辑泛指规律，包括思维规律和客观规律。逻辑包括形式逻辑与辩证逻辑。形式逻辑包括归纳逻辑与演绎逻辑。辩证逻辑包括矛盾逻辑与对称逻辑。对称逻辑是人的整体思维（包括抽象思维与具象思维）的逻辑。

显然，逻辑这种特殊的心理体验一定要借助于语言才能实现。何谓借助于语言？说白了就是教师必须进行必要的讲授。

这里，一个极其重要且长期被人们所忽视的重大理论问题是：系统知识的存在形式。系统知识的存在形式是什么？系统知识的存在形式是逻辑的，其根本特性是具有很强的抽象性和概括性，并非所有的系统知识都可以通过探究而获得。有些系统知识所反映的内容根本不可能还原为学生的直接经验，有些虽然能还原，但在数量和程度上也是很有限的。

短短的一段陈述包含着极其重要的观点。既然系统知识的存在形式是逻辑的，因此，就需要教师进行系统的讲授。

事实上，学生通过教师讲授获得系统知识和通过科学探究获得系统知识，二者极为不同。对此，我国某些教育学者并无深刻的洞察。学校教育应取前者而非后者，若取后者必将作茧自缚。

科学知识的经验性是对科学教育的又一挑战。科学学习强调亲身体验，"做中学"，但由于课时的限制，教师不可能把科学史上所有理论、概念的产生过程都重复一遍。因此，选择最具代表性的体验活动是关键，而这恰恰是科学教育的主要困难之一。比如，哪些知识的学习必须要经过亲自体验？不经过亲自体验的那些知识是否能被掌握？活动课或实验课的分量至少应该是多少？活动内容与学生以前的概念之间怎样联系？这些问题如果解决不好，就会给教学带来困难。

戴尔提出的"经验之塔"理论，从理论层面进一步佐证了讲解的必要性和重要作用。

美国视听教育家戴尔于 1946 年写了一本书《视听教学法》，其中提出了"经验之塔"的理论，对经验是怎样得来的这个问题提出了自己的观点。他认为经验有的是直接方式得来的、有的是间接方式得来的。各种经验，大致可根据他的抽象程度分为三大类（抽象、观察和做的经验）、十个层次。

在戴尔的"经验之塔"理论中，首先依据年龄／媒体的关系，列出了 10 种可供选用的教学媒体，并指出了学生年龄不同，各种媒体可供选择的范围不同，并依从小到大的年龄顺序，排列出一种可供选择的"经验之塔"。

最低层为做的经验，意指通过与实物媒体的实际接触，从而获得在做中学的实际经验；中间层为观察的经验，意为通过观察实物媒体，从而获得观察的经验；塔顶是抽象的经验，意指通过语言媒介的作用，获得相应的知识经验。

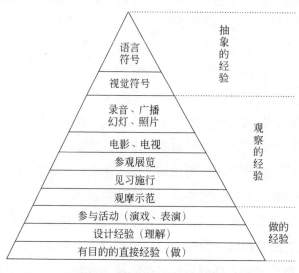

图 3-1 戴尔的"经验之塔"

戴尔的"经验之塔"理论告诉我们，由于科学知识的逻辑性特点，因此，"做的经验"与"观察的经验"都只能处于"经验之塔"的下位，对于科学知识逻辑性的把握，只能依靠"抽象的经验"。一言以蔽之，教师必须要讲，这是戴尔"经验之塔"理论带给我们的最大启示。

3. 讲解技能的特点

（1）讲解有语言准确、简练的特点

每一门学科都有本学科的术语系统。术语界定的清晰程度和术语系统的完整程度，表明了该门学科的成熟程度。为了在课堂教学中准确地表述学科的基本概念、规律，就要求教师的讲解语言准确、简练，既不能随心所欲，更不能出现科学性错误。

（2）讲解有逻辑严密、体现思想方法的特点

讲解还有逻辑严密、体现思想方法的特点。需要注意的是，教学内容的知识、方法、思想和观念是不同层次的东西，但在目前的教学中，很多教师常常并不清楚这一点，教学中不能加以区分，这在一定程度上会影响讲解的效果。

（3）讲解能够使学生对现象充分感知的特点

众所周知，知识往往来源于对现象的抽象与概括。学生对现象的充分感知是获取知识的前提。通过教师的讲解，能够引导学生对现象进行有目的的观察，有意识地突出现象中的主要因素，排除次要因素的干扰，为抽象概括做好充分准备。

（4）讲解有使学生的直觉概括上升为理性概括的特点

在学生建构知识的过程中，由于一些知识学生在生活中已经有了一些前科学概念，从而导致学生难以形成正确的概念。而这些前科学概念就是直觉的概括。因此，通过教师的讲解，采用认知冲突的方式，破除学生头脑中的前科学概念，使学生的直觉概括上升为

理性概括，才能在学生的头脑中建立正确的概念。

（5）讲解有使抽象结论具体化的特点

抽象结论具体化，本质上是知识的应用过程。实际上，一个完整的知识教学过程，通常包括创设问题情境→借助科学方法→诠释知识本质→进行知识运用几个环节。显然，使抽象结论具体化就是知识建构的最后一个环节。

4. 讲解技能的构成要素

（1）讲解的结构

讲解的结构是指，教师在分析学生情况和教学内容的基础上，对讲解过程的安排。它是将讲解的总任务分解为若干个部分，每一部分都有一个明确的阶段性目标，并根据各部分讲解内容之间的逻辑意义和学生认识过程的规律，将各部分讲解内容安排成一个序列，并在讲解实施中正确清晰地表现这一序列。

通俗的说，叫第一张PPT（我的观点）。

比如，初中物理"杠杆"一节的讲解结构呈现。

杠　杆

1. 杠杆的定义

2. 杠杆的平衡条件

3. 生活中的杠杆

在开始讲解时，首先呈现上面的PPT；当杠杆的定义讲完后，再次呈现这张PPT；以此类推。当本节课讲完后，最后一次呈现这张PPT，进行结束技能的展现。

（2）诠释定义

诠释定义是指对概念具体而科学的陈述。课堂上进行介绍说明时,主要依靠教师与学生之间的"师生对话"和学生与文本之间的"生本对话"来实现。教师可以用知识回顾、引用、比喻、拟人、修辞、下定义等方法,对概念进行详细具体、科学严谨的陈述与讲解。

（3）角色扮演

角色扮演是指教师在举例或讲解案例时,模仿他人言行的做法。这种做法可以活跃课堂气氛,有利于将学生带入教学情境当中,使学生产生认同和共鸣。

（4）使用例证

通俗地说,就是举例子。举例说明是讲解的重要应用,例证可将熟悉的经验与新的知识概念联系起来,使新知识在已经消化了的知识中抛锚（著名物理学家费因曼的名言：没有物理实例我就不懂）。

除此之外,使用例证还要注意以下几点。

① 举例要恰当；

② 举例要适合学生的认知水平；

③ 举例数量要符合教学过程的要求；

④ 要注重分析；

⑤ 要正确使用正面例证和反面例证。

下面一个例子就是好的举例。

关于"特权",一个老师让班上同学做个游戏,让他们揉了纸团。

图　3-2

然后在讲台前放了个垃圾桶。

图　3-3

游戏规则就是谁能在自己的座位上把纸团扔进垃圾桶就算赢。

图　3-4

图　3-5

坐在前排的同学跃跃欲试的时候,坐在后排的同学立刻大叫"不公平"。

图　3-6

扔纸团的结果：大部分前排同学和几个后排的同学扔进去了,前排也有没扔进去的。

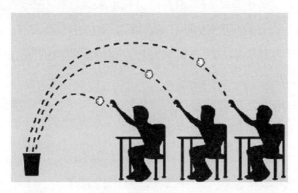

图　3-7

老师开始总结说：这个游戏告诉你们，往往都是没有特权的人才会意识到"特权"和"不公平"的存在；真正有"特权"的人甚至都没有意识到，他们只想着和目标之间的距离；有些人即便有"特权"也不一定能达到目标,而这些人唯一要做的就是珍惜自己的特权,偶尔回头看看身后那些没有特权的人。相对于很多人来说，你可能已经很有优势了，只是你自己没有意识到而已。

（5）进行强调

强调是成功讲解中的一个核心成分。一个有经验的教师能够运用强调将重要的关键信息从背景信息中突出出来，帮助学生抓住主要因素，减少次要因素的干扰，同时建立讲解中核心内容之间的联系。

这里，关键信息与背景信息是两个关键词。教师应当充分认识到，一个教师在一节课的讲课过程中要说几百句话，几千、几万个字。在这几百句话里面，大部分属于背景信息，只有少数的一些话是关键信息。但学生往往并不清楚哪些话是背景信息，哪些话是关键信息。所以，教师进行强调的意义就在于把关键信息从背景信息中突出出来。

① 强调的内容

教学中的基本概念和基本规律是强调的主要内容。教师通过强调，帮助学生将这些知识的重要信息有组织地保存在长时记忆中。

然而，真正高明的教师是在讲解过程中进行强调时，不仅强调知识，而且强调科学方法与科学思想，这是需要特别指出的。

② 强调的方式

A——用讲话声音的变化、身体动作的变化，做出醒目的标记，或直接用语言提示等方式进行强调；

B——运用概括要点和重复要点进行强调；

C——通过接受和利用学生的回答进行强调。

（6）形成连接

讲解的结构是由系列化的关键问题和相应的阶段性目标构成的。这些问题之间并不是彼此孤立的，它们将构成一个有机的整体。清楚连贯的讲解是由新旧知识之间、例证和概念规律之间、问题与问题之间恰当的逻辑意义连接构成的。在讲解中仔细安排各步骤的先后次序，选择起连接作用的词语说明上述关系，使讲解形成意义连贯的完整系统，是"形成连接"这一技能的教学行为。

教师讲课与写文章是一样的，段与段、句与句之间都有内在的联系。好的联系在段与段之间不需要连接词，但差的联系就需要连接词加以弥补。

（7）揭示实质

揭示实质是指揭示现象背后的本质，它可以剖析现象的深层含义，说明现象和本质的内在联系。

5. 讲解技能的构成类型

（1）说明（简单）

说明包括对教学活动的对象、活动方法、活动目的的说明和对简单事实性知识、术语的说明。

① 对符号、术语的说明；

② 对简单现象、事物的说明；

③ 对活动的说明：对做某事、某物的目的、意图、活动方法的说明。

（2）描述（比较简单）

描述是对事实、现象、过程用语言进行形象的表达，是提供问题背景和讨论前提的重要手段。

（3）原理式讲解（知识获得过程——比较难，牵涉科学方法和思维方法）

原理式讲解在教学中通常是对概念和规律的讲解。

（4）问题解答式讲解（知识应用过程——比较难，也牵涉科学方法和思维方法）

问题解答式讲解是对学生进行解答习题的示范讲解。它经常用于习题课上的讲解和纠正学生作业中的普遍错误时的讲解。包括：①呈现问题；②引导学生明确问题的目标和已知条件；③填补空缺；

④讨论。

为了更好地说明讲解的特点，请看下面一个例子。

奥斯维辛没有什么新闻
——普利策新闻奖评审组颁奖词

奥斯威辛作为纳粹德国屠杀犹太人的"杀人工厂"而为人们熟悉，各国记者纷纷报道它的残酷、血腥。罗森塔尔本着记者的良知独辟蹊径，突破了"客观报道"的框框，着眼细节，以冷峻的视角深沉地描述了今天的奥斯威辛集中营博物馆，在恐怖与快乐、战争与和平、历史与现实的反差中，它召唤起人们对于灾难的记忆、关于生命的思考、关于人性的自省。他的发表，充分地表现了一名新闻记者的使命感，更以迫人的力量震撼生者的心，成为新闻史不朽的名篇。因此，我代表普利策新闻奖评审组把本届普利策新闻奖中的最佳消息奖颁发给《奥斯威辛没有什么新闻》的作者罗森塔尔。

1. 从某种意义上说，在布热金卡，最可怕的事情是这里居然阳光明媚温暖，一行行白杨树婆娑起舞，在大门附近的草地上，还有儿童在追逐游戏。

2. 这真像一场噩梦，一切都可怕地颠倒了。在布热金卡，本来不该有阳光照耀，不该有光亮，不该有碧绿的草地，不该有孩子们的嬉笑。布热金卡应当是个永远没有阳光、百花永远凋谢的地方，因为这里曾经是人间地狱。

3. 每天都有人从世界各地来到布热金卡——这里也许是世间最可怕的旅游中心。来人的目的各不相同——有人为了亲眼看看事情是不是像说的那样可怕，有人为了不使自己忘记过去，也有人想通过访问死难者受折磨的场所，来向他们致敬。

4. 布热金卡在波兰南方城市奥斯维辛城外几英里的地方——世人对奥斯维辛这个地名更熟悉。奥斯维辛大约有 12000 名居民，距华沙120英里，地处被称为摩拉维安门的山口的东头，周围是一片沼泽地。布热金卡和奥斯维辛一道组成了被纳粹称为奥斯维辛集中营的杀人工厂的一部分。

5. 十四年前，最后一批囚徒被剥光衣服，在军犬和武装士兵的押送下走进毒气室。从那时起，奥斯维辛的惨状被人们讲过很多次。一些幸存者撰写的回忆录中谈到的情况，是任何心智健全的人所无法想象的。奥斯维辛集中营司令官罗道夫·弗兰斯·费尔南德·霍斯在被处决前也写了回忆录，详细介绍了这里进行的集体屠杀和用人体做的各种试验。波兰人说，共有400万人死在那里。

6. 今天，在奥斯维辛，并没有可供报道的新闻。记者只有一种非写不可的使命感。这种使命感来源于一种不安的心情：在访问这里之后，如果不说些什么或写些什么就离开，那就对不起在这里遇难的人们。

7. 现在，布热金卡和奥斯维辛都是很安静的地方，人们再也听不到受难者的喊叫了。参观者默默地迈着步子，先是很快地望上一眼；接着，当他们在想象中把人同牢房、毒气室、地下室和鞭刑柱联系起来的时候，他们的步履不由得慢了下来。导游也无须多说，他们只稍用手指一指就够了。

8. 每一个参观者都感到有一个地方对他说来特别恐怖，使他终生难忘。对有的人来说，这个地方是经过复原的奥斯维辛毒气室。人们对他们说，这是"小的"，还有一个更大的。对另外一些人来说，这样一个事实使他们终生难忘：在德国人撤退时炸毁的布热金卡毒气室和焚尸炉废墟上，雏菊花在怒放。

9. 还有一些参观者注视着毒气室和焚尸炉开头，他们表情茫然，因为他们不晓得这是干什么使的。然而，一看到玻璃窗内成堆的头发和婴儿的鞋子，一看到用以关押被判处绞刑的死囚的牢房时，他们就不由自主地停下脚步，浑身发抖。

10. 一个参观者惊惧万分，张大了嘴巴，他想叫，但是叫不出来——原来，在女牢房，他看到了一些盒子。这些三层的长条盒子，6英尺宽，3英尺高，在这样大一块地方，每夜要塞进去5~10人睡觉。解说员快步从这里走开，因为这里没有什么值得看的。

11. 参观者来到一座灰砖建造的建筑物前。这是在妇女身上搞不育试验的地方。解说员试着推了一下门——门是锁着的。参观者庆幸他没有打开门进去，否则他会羞红了脸的。

12. 现在参观者来到一条长廊里。从长廊两边的墙上，成排的人在注视着参观者。这是数以千计的照片，是囚徒们的照片。他们都死了——这些面对着照相机镜头的男人和妇女，都知道死亡在等待着他们。

13. 他们表情木然。但是，在一排照片中间，有一张特别引人注目，发人深思。这是一个二十多岁的姑娘，长得丰满、可爱，皮肤细白，金发碧眼。她在温和地微笑着，似乎是为着一个美好而又隐秘的梦想而微笑。当时，她在想什么呢？现在她在这堵奥斯维辛集中营遇难者纪念墙上，又在想什么呢？

14. 参观者被带到执行绞刑的地下室去看一眼，这时，他们感到自己也在被窒息。另一位参观者进来了，她跪了下来，在自己胸前画十字。在奥斯维辛，没有可以做祷告的地方。

15. 参观者们用恳求的目光彼此看了一眼，然后对解说员说："够了。"

16. 在奥斯维辛，没有新鲜东西可供报道。这里阳光明媚，绿树成阴，在集中营大门附近，孩子们在追逐游戏。

《奥斯维辛没有什么新闻》是一篇获过美国普策利新闻奖的优秀新闻作品，被誉为"美国新闻写作中不朽的名篇"。它跳出了传统新闻"客观报道""零度写作"的窠臼，大胆地在反映客观事实的基础上，着力表现作为一名有使命感的记者的在场的主观印象，激情洋溢地抒发了对法西斯暴行的深恶痛疾，对自由、解放、新生的无比珍惜之情。这篇新闻强烈的情感冲击力是如何形成的呢？主要是借助于结构、细节、语言的精心安排。

1）精巧的结构

先看标题，它是一个充满悬念的否定句——"奥斯维辛没有什么新闻"。新闻内容的首要特点是"新鲜"，要求报道新近发生的事；而标题竟然劈头就说"没有什么新闻"，从受众心理讲，这种欲擒故纵之笔很吊读者胃口。

再看导语，1~3自然段是本篇导语。先用对比手法突出如今阳光明媚、花香鸟语的布热金卡曾经是"人间地狱"，现在"也许是世间最可怕的旅游中心"；再用一组排比句点出布热金卡是一个世人瞩目的地方。导语部分用如诗般的语言渲染了一种庄严肃穆的情感氛围，调动了读者的阅读兴趣。

接着看主体，4~13自然段是这篇新闻的主干（共有16段）。大致按先整体概述后局部分说的顺序展开。4~5自然段介绍集中营的方位、居民、环境、历史等概况。作者援引具体数据与个人回忆录要点等确凿事实证明这里曾经是"杀人工厂"。第6自然段交代写作动机，"今天，在奥斯维辛，并没有可供报道的新闻"这一句呼应标题，强调法西斯犯下的滔天罪行罄竹难书，出于记者职业的神圣使命感，出于对遇难者在天之灵的告慰，他不能不向世人报道他所见到的一切。这就再次拉近了记者与受众的心理距离。

最后看结语。"在奥斯维辛，没有新鲜东西可供报道"一句再次点题，呼应第6自然段首句，这不仅使全文结构收尾圆合，而且激发读者旧事重拾，温故知新。"这里阳光明媚，绿树成阴，在集中营大门附近，孩子们在追逐游戏"呼应首段，反复展现今天布热金卡的安谧、秀丽的风景，这是用乐景寄托对遇难者的哀悼，同时提醒人们"前事不忘，后事之师"，要百倍珍惜今天的自由与幸福。

2）精彩的细节

恰当的细节描写对增强新闻报道的现场感极为重要。本文细节刻画细致传神。有对历史遗迹、遗物的细节特征的描画，如"在德国人撤退时炸毁的布热金卡毒气室和焚尸炉废墟上，雏菊花在怒放"，这个细节象征着正义是邪恶镇压不了的，自由与光明之花必将灿烂地开放。再如"这是一个二十多岁的姑娘，长得丰满、可爱，皮肤细白，金发碧眼。她在温和地微笑着，似乎是为着一个美好而又隐秘的梦想而微笑"，这是对历史遗照中人物表情的浮雕似的特写，其后作者用追问——"当时，她在想什么呢？现在……又在想什么呢？"——来"放大""加深"这一细节印象，启发世人反思：美和善就是这样被蹂躏、践踏和毁灭的！活着的人，要永远牢记法西斯的罪恶，警惕法西斯幽灵的复活。

还有对参观者表情反应细节的摹写，如用"张大了嘴巴"表现参观者的惊惧莫名，用"浑身发抖"表现参观者的怒不可遏，用"跪了下来"表达参观者的诚挚祈祷等，这些细节都给读者以立体的视觉形象和强烈的情感震撼。

3）精警的语言

这篇新闻用词简练准确，意味隽永；造句明快流畅，情感浓郁。全文写参观者的话就一句，两个字——"够了"——这一句临近文章结尾，点到为止，却余音袅袅。它包含着丰富的感情：对受难者苦痛的目不忍睹，耳不忍闻；对法西斯刽子手的咬牙切齿，义愤填膺；对历史悲剧不再重演的祈望；对和平自由长存的美好祝福……这是用词上的简而隽永。

还有用反讽的语句表达对噩梦般历史的冷峻审视。如"在布热金卡，最可怕的事情是这里居然阳光明媚……还有儿童在追逐游戏"，"最可怕""居然""还有"这些修饰语越是极化人们的"难以置信"（"噩梦"的消释），就越反衬出那段黑暗、恐怖历史的罪恶。又如"这真像一场噩梦，一切都可怕地颠倒了"，冷嘲热讽中寄托着人们对法西斯行径的惊恐与痛恶，对重获自由、光明的惊喜与兴奋。

总之，罗森塔尔巧妙地将对比、象征、多样化修辞、散文式笔调等文学叙事手法借用于新闻写作，使客观事实的描述投影着主观的印象，别具匠心地制造出历史与现实、恐怖与欢乐、战争与和平的剧烈反差，从而使文本产生出巨大的张力。

（摘自语文网）

显然，仔细研究"奥斯维辛没有什么新闻"一课，可以帮助读者了解什么是好的讲解。

6. 讲解技能的评价内容与标准

表 3-3　讲解技能的评价内容与标准

评 价 内 容	评 价 标 准				
	优	良	及格	不及格	权重
1. 讲解重点突出					0.10
2. 讲解的内容丰富、清晰					0.10
3. 讲解条理清楚、层次分明					0.10
4. 讲解内容、方法符合学生认知水平					0.10
5. 讲解言简意赅、通俗易懂					0.10
6. 讲解具有启发性和趣味性					0.10
7. 注意与提问、谈话等技能相配合，交互性好					0.10
8. 声音洪亮，富有感染力					0.10
9. 面向、激励全体学生					0.10
10. 及时反馈、强化、巩固所学知识					0.10

第四节　提问技能——交流之技

[导读]

桑德尔教授的提问艺术

课堂提问和讨论互动是桑德尔讲课时运用最多的教学技能，达到了炉火纯青的程度。尤其独树一帜的是，在许多人将提问作为课堂点缀的时候，他却将提问纳入自己的课件，成了讲稿的一个组成部分。他将学生的观点纳入讨论范围，与学生一起共同演绎教学的进度。

桑德尔在 24 次讲座中，共提问了 93 人，平均每次讲座提问 3.88 人。最多的是在第 17 讲"讨论反歧视行动"讨论中，有 9 名学生发言。最少时只让一个人回答问题，共有 4 次。

非常难得的是，当学生回答后，桑德尔不仅记住了学生的名字，也记住了学生的观点。在有多名学生参加讨论的情况下，也能分毫不差地引用每个学生的主张，而且他还会把学生的观点与大师的观点并列。这样的例子比比皆是，几乎每讲都有。这样匠心独运的做法可谓天衣无缝，让学生无形中受到极大的鼓舞和激励，远比那种单纯的表扬显然要高明得多。

一个发生在我们身边的例子是，桑德尔在清华大学演讲。一个学生站起来回答完问题之后，桑德尔像往常一样询问她的名字。由于现场比较嘈杂，学生说了两遍，他还没有听清是 Gu Ta Li 还是 Hu Ta Li。这时那位学生顺口说道："Who care it。"意思是说，在这种场合，谁会在乎被提问者的名字。在全场哄堂大笑之后，只见桑德尔左手拿着麦克风，右手捂住自己的胸口，很认真地说道："I care。"

桑德尔之所以这么做，是因为他非常"在乎"学生，而"在乎"的背后是尊重。可以说，几乎所有的人都渴望被他人尊重，而记住别人的名字，则会给人受尊重的感觉。

在"公正：该如何做是好？"课堂上，桑德尔不仅将一个又一个问题抛向学生，更不断地鼓励学生之间彼此提问。每当一个学生发表观点之后，他总是会问："谁要向他（她）提问？"或者"谁还有其他看法？"抑或"谁来回应他（她）的观点？"在他的鼓励与引导之下，"公正：该如何做是好？"课堂上呈现出了一个又一个热烈但有序的主题辩论会。在学生的发言中，大多为提问或质疑而少有附和。学生质疑的对象不仅有桑德尔本人、发表观点的学生，甚至包括边沁、亚里士多德这样的大师。

为什么桑德尔如此重视课堂提问？这是因为，桑德尔希望学生能够借助课堂提问与交流学会独立思考而非人云亦云。正如他在"公正：该如何做是好？"第二课结束时所说的那样："这个课堂是认识自我的一种训练——它将使你们发现自己曾经认为已经熟悉的甚至熟视无睹的事物变得不再熟悉，而这并非因其提供了某些新信息，它仅仅是引导着你们以新的方式看待这些事物；它也将在以后不断地搅动着你们的心情，让你们不能停止对这些问题的思考。"

"公正：该如何做是好？"享誉全球的原因，除了桑德尔教授渊博的学识、雄辩的口才和非凡的智慧外，还在于他对鲜活事例的精心挑选和缜密构思，更在于课堂上平等、开放的讨论和驾轻就熟的组织能力。当桑德尔教授完成"公正：该如何做是好？"网络课最后的总结性阐述，向学生微笑着挥手致意时，一千多名学生不约而同地全体起立，向他报以长时间的热烈鼓掌。此时此刻，对桑德尔教授的尊敬、热爱与感谢，都清清楚楚地写在每一个人的脸上。

（迈克尔·桑德尔的讲课艺术及对理论教学的启示 [J]. 高教论坛 .2012（01）作者：易文）

1. 提问技能的概念

提问技能是教师运用提出问题以及对学生回答作出反应，促进学生参与学习，了解他们的学习状态，启发思维，使学生理解和掌握知识，发展能力的一类教学行为。

2. 提问的教学模式

（1）发问阶段

发问阶段是指教师提出问题的阶段。这个阶段教师需要注意的是，问题的表述要清晰，难度不要太大。

（2）侯答阶段（等待阶段）

侯答阶段是指教师提出问题后等待学生思考和回答问题的阶段。令人遗憾的是，许多教师并不知道提问技能的这一要素。他们在提问后没有给学生留有足够的思考问题答案的时间，以及如何用语言表达问题的时间。这种现象甚至在一些专门从事大学教学技能教学教师的公开课上也出现了，足以说明侯答阶段（等待阶段）是多么地容易被忽视。

一般而言，对于简单的问题，侯答时间大约 5 秒钟；而对于难度较大的问题，侯答时间可以在 15 秒钟左右。

（3）叫答阶段

叫答阶段就是教师示意学生回答问题阶段。叫答方式和范围会影响到学生的回答效果。研究表明，按一定形式（如座次、学号等）依次请学生回答的方式，比教师随机叫答方式效果好。此外，教师还要适当控制自愿回答者的叫答，保证其他人回答问题的机会，以利于调动广大学生学习的积极性。

（4）应答阶段

应答阶段是学生回答老师问题的阶段。教师在学生回答问题时，应当面带微笑，目光始终聚焦学生，认真倾听学生的回答，给予学生真诚的关注，表示对学生的尊重和兴趣。

（5）理答阶段（或称评价阶段）

理答阶段就是教师对学生回答作出的反应。有如下几种方式：表示肯定、表示否定、探寻或转问、重新组织等。

这一阶段教师仍然要给予学生充分的尊重。教师在解答之前，要请学生坐下，然后对学生的回答进行点评。要杜绝教师点评之后把站起来回答问题的学生晾在那里的现象。

3. 提问技能的类型

（1）按认知水平的分类

① 回忆提问　　　　　② 理解提问

③ 应用提问　　　　　④ 分析提问

⑤ 综合提问　　　　　⑥ 评价提问

（2）按提问技巧的分类

① 诱导提问　　　　　② 疏导提问

③ 台阶式提问　　　　④ 对比式提问

⑤ 迂回提问

4. 提问技能的构成要素

（1）时机

一般而言，提问是在教学进行一个阶段之后，针对所讲内容的提问。当然，也可以是在课堂教学伊始进行提问。无论什么时候提问，时机的把握总是提问技能的重要构成要素。恰当的选择时机，能够充分地彰显提问的价值与意义，起到"画龙点睛"的作用，使提问与整个课堂教学内容融为一体、相得益彰，从而达到最佳的教学效果。

若提前与滞后提问，都会使提问的效果大打折扣。

（2）措词

措词必须科学准确，能明确问题的情景和条件；问题的措词必须指明思考的前提和方向；问题的措词应在不失科学性的要求下，尽可能通俗易懂，适合学生的理解水平；措词应该简单明了。

（3）停顿

教师在提出问题后停顿几秒钟，看来是个简单的教学行为，而实际上是提问技能的一个要素。因为学生的反应速度和表达组织都需要时间，停顿几秒钟就可以给学生提供反应的时间。这是因为，学生回答较复杂的问题，需要时间去思考问题的答案和考虑用语言如何表达，这两个方面都需要花费时间。

虽然这是一个十分简单的技术，但停顿并不是每一个教师都能够炉火纯青地加以运用。当新教师第一次面对全班学生时，常常感到很紧张。紧张的一个结果是教师有一种紧迫感。新教师常以迅速地提问和接受学生回答来避免冷场。然而，这种迅速回答的结果，正好与其愿望相反，使许多学生得不到充分的思考时间而不能参与到讨论中来，往往还会出现冷场局面。

（4）焦点化

所谓焦点化，是指教师所提出的问题能够引起学生的积极思维。

桑德尔教授在"公正：该如何做是好？"课的第一讲"杀人的道德侧面"上课伊始，就提出一个问题：假如你是一位电车司机，正在驾驶电车以每小时 60 英里的速度行驶。你突然发现，轨道前方尽头有五名工人正在作业，你想立即刹车，但刹车失灵。与此同时，你发现轨道前方有一个岔道，在这个岔道上，仅有一名工人在作业。如果方向盘没有失灵，你或者沿主道行驶撞向五名工人，或者驶向岔道撞向一名工人。面对这样的选项，你如何选择？原因是什么？

面对两难的选择，学生的选择五花八门。当学生回答完之后，桑德尔教授并没有立刻给出他的结论，而是让问题悬在那里，继续挺向这个现象的背后及其纵深——功利主义。接着，他引出了功利主义理论大师杰里米·边沁（Jeremy Bentham）的生平、著作、观点，以及对这类问题的论述，很自然地把理论呈现到了学生面前。由于有解决问题的需要，这些平时觉得深奥的哲学著作，这时显得非常亲切和入耳。不管学生是认同还是反对，抑或是生成自己的观点，都自然地达到了这门课的根本目的——思考。在桑德尔教授看来，思考才是教学的最终目的。

除了问题是焦点化的问题外，教师在提问时还需注意，在一个问题中所包含的任务数量不能过多。问题的范围决定于提问的目的和课堂的进度。否则，可能会影响课堂教学的进度。

（5）分布

为了使尽可能多的学生参与教学活动，教师的提问应该随机的在全体学生中分布，这是提问技能的又一个要素。

为什么在提问时要强调分布，这是因为，提问的分布在深层次上体现了一种教育理念：关注每一个学生。

如果担任一门课一个学期的教学，建议每次提问学生后都要做一个标记，保证到学期结束时，每个学生至少提问一次到两次。有些老师为了教学方便，常常只提问学习成绩优秀的学生，而忽视学习成绩中等或较差的学生，这是违背教学技能提问的分布原则的。

（6）探查

在学生初次回答后，为了帮助学生对最初的问题形成更深入的认识，教师可进行探查指引，这是提问技能的又一要素。

仍以桑德尔教授在"公正：该如何做是好？"课的第一讲"杀人的道德侧面"的提问为例。

当讨论完电车司机是在主道行驶撞向五名工人，或者驶向岔道撞向一名工人的提问后，桑德尔教授紧接着进行了探查提问：这次你不是电车司机，而是一位旁观者。你站在一座桥上，俯瞰着电车轨道。电车沿着轨道从远处驶来，轨道的尽头有五名工人，电车刹车坏了，这五名工人即将被撞死。但你不是电车司机，你真的爱莫能助。直到你发现在你旁边，靠着桥站着的是一个超级大胖子。你可以选择推他一把，他就会摔下桥正好落在电车轨道上挡住电车，他必死无疑，但可以救那五人的性命。现在，有多少人会选择把那个大胖子推下桥，请举手。

显然，从是否转弯到是否推人，实际上就是提问技能的提升。这里，桑德尔教授就运用了探查的提问策略。

（7）反应

反应是提问技能的又一要素。教师对学生的回答要积极地进行评价、说明、应用探查技能要素再次提问。当然，也不能对学生的答案不加区别地一律给予肯定，这会使其他学生迷失方向，不知所措。教师应热情、真诚、公正，认真地对待学生的回答。

同所有的课堂一样，在桑德尔教授的"公正：该如何做是好？"课堂上也有个别学生在回答问题时"发糗"的时候。例如，在第23课学生讨论"同性婚姻"主题时，女生汉娜向男生马克发出了一个单刀直入涉及个人隐私的逼问，全场顿时哄堂大笑。马克也颇觉尴尬。

对于这一突发情景，桑德尔教授立即告诉马克："对于这个问题，你不用回答"，以缓解他的情绪。对于讲台下那些大笑、鼓掌甚至吹口哨的不那么善意的起哄者，桑德尔教授没有半点怒色。他依然保持着微笑，但却非常明确地说："整个学期我们都进展得很顺利，在这个课堂上我们深入讨论了许多其他高校学生不可能讨论的问题。"

对于导致这一突发情景的"责任人"汉娜，桑德尔教授也没有任何批评，他先肯定了汉娜的发言："你的观点非常尖锐有力"，但随即以建议的语气说，"你可以把它（指汉娜向马克的提问）用一般化的观点陈述出来，而不要用针对他人的疑问句式。"于是，汉娜重新用第三人称、陈述句式阐述了自己对马克观点的质疑及其理由，之后讨论继续进行。

只用了短短的两分钟，桑德尔教授就让学生迅速回到讨论的议题当中，化解了一场"意外纷争"，充分演绎了桑德尔教授在提问技能中运用"反应"要素驾轻就熟的功力，让人叹为观止。

5. 应用要点

（1）教师应当设计好教学内容的主问题和授课过程中的关键问题，而且必须事先深思熟虑，不允许灵机一动的随机提问。

（2）教师要根据教学内容和学生的认知水平设计多层的提问，以使多数学生能参与讨论。

（3）提问时教师态度要亲切，要让学生感受到教师的期望和鼓励，不要用强制回答的语气提问。比如，刚才的那个问题你们听明白了吗？如果同样的意思，换作另一种表达：刚才的那个问题我说清楚了吗？显然，学生就会觉得更加愉悦。

（4）对关键问题要事先预想学生可能的答案，并设计出探查的方案。

（5）问题的设计要尽可能组成系列，要注意单个问题之间的内在联系；问题出现的时机应符合教学内容的需要和学生不断提高的认知水平。

（6）要充分肯定学生答案中的正确部分，充分肯定学生参与讨论的积极性。对于答案中的错误，教师要恰当使用探查策略，引导学生纠正错误。

6. 提问技能的评价内容与标准

表3-4　提问技能的评价内容与标准

评 价 内 容	评 价 标 准				
	优	良	及格	不及格	权重
1. 提问目的明确，紧密结合教学					0.12
2. 问题有启发性，指导学生学习					0.10
3. 问题的设计包括多种水平					0.12
4. 把握提问时机，促进思维发展					0.10
5. 问题表达清晰，语言简明易懂					0.08
6. 有适当停顿，给予思考时间					0.08
7. 提示适当，帮助学生思考					0.12
8. 提问面广，照顾到各类学生					0.08
9. 对答案能分析评价、强化					0.12
10. 鼓励学生参与教学，回答问题					0.08

第五节　结束技能——关门之技

[导读]

遥远的掌声——哈佛的经久不衰与北大的销声匿迹

美国学者罗尔斯是当代社会学的大师，也是杰出的自由主义思想家。他以《正义论》一书奠定了在当代学术界不可撼动的崇高地位。中国留学生吴咏慧曾经在哈佛大学听过罗尔斯的课。她在《哈佛琐记》一书中描述了课堂上的情景："罗尔斯讲到紧要处，适巧阳光从窗外斜射进来，照在他身上，顿时万丈光芒，衬托出一幅圣者图像，十分炫目。"这一老师传道、学生受道、其乐融融的场景，真是令人神往。

　　学期快要结束的时候，罗尔斯教授讲完最后一堂课，谦称课堂所谈全属个人偏见，希望大家能做独立思考，自己下判断。说完之后，罗尔斯缓缓地走下讲台。这一瞬间，教室里的全体学生立即鼓掌，向这位尊敬的老师致谢。罗尔斯本来就有点内向害羞，于是他频频挥手，快步走出讲堂。可是，在罗尔斯走出教室后许久，学生们的掌声依然不衰。冬天拍手是件苦差事，吴咏慧的双手又红又痛，便问旁边的美国同学，到底还要拍多久？同学回答说："让罗尔斯教授在遥远的地方还可以听到为止。"

　　什么是哈佛精神？这就是哈佛精神。什么是学术的尊严？这就是学术的尊严。正如哈佛的校训所说："让柏拉图与你为友，让亚里士多德与你为友，更重要的，让真理与你为友。"学术大师们是带领年轻学生走向真理的向导，学生们对向导的尊重，其实也就是向真理表示深深的敬意。哈佛学生一般都很骄傲，因为"没有美国的时候就有了哈佛，"哈佛在若干的学科上都处于全世界领先的位置。当我走进哈佛校园的时候，果然发现这里的许多青年学子连走路都虎虎有生气。两百年来，哈佛的毕业生们在物质生活和精神生活两个层面上对塑造美国文化作出了无法估量的贡献。如果没有对真理的热爱、对学术的渴求、对教授的尊重，也就不会有今天的哈佛和今天的美国。

　　我曾经写过一篇文章，详细地比较了哈佛与北大的差距。在我看来，北大与哈佛的差距，其实就是中国高等教育与美国高等教育的差距，背后则是中国的经济实力、民族精神与美国的经济实力、民族精神的差距。我在北大念书的时候，虽然也遇到过不少优秀的师长，但老实说从来没有经历过吴咏慧在哈佛所经历的那种"遥远的掌声"。这种"遥远的掌声"，在中国并非完全没有出现过。最近我读到《新京报》上发表的《个人史之西南联大系列》，许多如今已经年逾八旬的西南联大毕业生深情地回忆了昔日在硝烟和困苦中的学生时代，那是一个追求真理和自由的时代。那时的老师全身心地教课，那时的学生全身心地学习，他们共同创造了中国现代教育史上的一个奇迹。联大毕业生黎章民回忆说，1945 年 11 月 25 日，昆明四所大学和社会人士在联大新校舍图书馆前面的"民主草坪"举行时事演讲，与会学生达六千之众。几位教授上台慷慨陈词，国民党特警架起步枪、冲锋枪、小钢炮向会场上空射击，并切断电源。而学生们则以热烈的掌声回应老师们的演讲。

然而，这样的掌声在今天的北大却消失了。今天的北大日益迷失在金钱与权力之网里面。神圣的学术讲堂亦成为追名逐利之所。就教师这一方而论，不说学术水准的差异，就敬业精神和诲人态度而言，北大与哈佛亦不可同日而语。北大的许多著名教授只想着换更大的房子，然后当政协委员、人大代表以及享有各种荣誉职务；而许多年轻教师则只想着在核心期刊发表论文、申请国家的研究基金和自己的职称的升迁。大部分老师对讲课，尤其是为本科生讲课常常应付了事。有的名教授若干年不上讲台乃是常事，而年轻教师们开着手机上课，讲到一半的时候有人来电，便中断授课到门外去应付。老师们与学生们之间没有多少感情和心灵的交流。老师一上完课后便与学生如同陌生人一般。这样的老师又怎么可能赢得学生"遥远的掌声"呢？

就学生而言，在我们的许多大学里，也鲜有哈佛那样尊重学术、尊重教授的年轻学子。今天的大部分学生，以纯粹实用主义、功利主义的态度对待自己的大学生涯。在他们看来，大学仅仅是一个"职业培训班"而已。他们虽然念完了大学、获得了知识、增强了技能、练达了人情，但是人格的提升和灵性的成长却远远没有完成。名牌大学的学位仅仅是求职时候的一张王牌而已。哈佛的学生说："人无法选择自然的故乡，但人可以选择心灵的故乡。"哈佛就是他们心灵的故乡。他们虽然从哈佛毕业了，但他们的心却永远离不开哈佛。相比之下，中国的大学生们很少将母校作为自己"心灵的故乡"。什么时候，在我们大学的讲堂上能够出现那"遥远的掌声"呢？

首先，得有一群由衷鼓掌的学生和配得上享有掌声的教授。

［绿天.遥远的掌声——哈佛的经久不衰与北大的销声匿迹 [J].青年记者，2004（11）]

1.结束技能的概念

结束技能是教师完成一项教学任务时，通过重复强调、概括总结、指导学生实践活动等方式，对所学的知识和技能进行及时的系统化、巩固和应用，使新知识稳固地纳入学生认知结构中的一类教学行为。

需要指出的是，不要误以为结束技能仅应用于一节课的结尾。事实上，课堂教学过程中任何相对独立的教学阶段的结束，都要应用结束技能。换句话说，结束技能实际上要在一节课里面运用多次。

比如，初中物理"液体的压强"一节课结束技能的呈现。

液体的压强

1.液体压强的特点

2.液体压强的大小

3.连通器

当液体压强的特点讲完后，需要呈现上面的PPT，同时对第一部分"液体压强的特点"进行简单的总结。当本节课讲完后，最后一次呈现这张PPT，进行结束技能的展现。也就是说，这节课要运用三次结束技能。前两次较简单，最后一次较复杂。

2. 结束技能的功能

在教学中有效应用结束技能，可实现以下教学目的：

① 运用结束技能，使新知识和学生的认知结构建立联系，形成巩固的系统化知识。（知识）

② 引导学生总结教学中的学科方法和思维方法，促进学生思维能力的发展。（方法）

③ 通过显化教学活动中的学科思想和学科观念，使学生体会学科思想和学科观念的意义与价值。（思想与观念）

④ 使新知识与相关的原有知识和生活经验相联系。（经验）

⑤ 在新知识的初步应用中使学生感受到知识的价值。（应用）

3. 结束技能的类型

（1）强调结论
（2）系统概括
（3）分析比较
（4）实践活动

4. 结束技能的构成要素

（1）要点概括

找出知识结论中的关键成分进行强调，并明确它们之间的关系。也就是要单刀直入地说明知识结论的本质到底是什么。

比如，初中物理对"杠杆"的定义：一根直棒，在力的作用下能绕着固定点转动，这根直棒就是杠杆。如果要进行概括，我们可以说，杠杆其实就是力的放大器，它的作用是可以把力放大。比如，一根钉入木板的钉子，用手拔不出来，那是因为手的力气不够大。

如果借助起钉锤（杠杆），很容易就把钉子拔出来了。其关键就在于，起钉锤（杠杆）把手的力气放大了。

（2）建立联系

建立联系包括以下三部分。

① 建立导入部分所悬疑的问题和现在获得的结论之间的联系。

一般而言，结束技能通常是与导入技能相对应的。因此，在导入部分"悬而未决"的问题就需要在此时此刻"水落石出"。这就是现象与结论之间的因果联系。所以，通过教学活动得到结论后，要反过来用结论解释导入部分"悬而未决"的问题，使学生"豁然开朗"。

② 将新知识与旧知识建立联系并明确两者的区别。

建立联系的第一部分是建立"现象"与"结论"的联系，而第二部分则是建立新"知识"与旧"知识"之间的联系。只有建立起这种联系，才能使学生更深入地理解新"知识"的意义，并有助于学生建立起完善的认知结构。

③ 在科学教育中，建立联系的第三方面还包括建立"知识"的文字表述、数学表达式及图像形式之间的联系。

（3）回顾方法

回顾方法的教学行为是在取得知识结论后，适时地显化教学过程中解决问题的思路和使用的方法。

受到知识中心论的影响，长期以来我国的大、中、小学教材通常对知识采用显性处理，而对知识的内在关系和方法采用隐性处理，即不在课文中写明。这种处理方式的出发点是让学生在学习过程中自己去感悟。实际上，由于方法的隐蔽性特点，很多教师尚且不能充分了解教材中方法的全貌，更遑论处于学习阶段的学生。因此，教材的隐性处理方式就造成了方法教育的放任自流，从而影响了科学方法教育的效果。

课程整体上是由知识和科学方法组成的。通过方法揭示知识的获得和应用过程，并对知识在科学技术发展中的作用进行解读，有利于学生了解人类对自然界的认识，扭转传统科学教育由于缺乏方法而展现给学生被歪曲的科学世界图像的局面，从而实现学生智力发展与知识体系建构之间的平行和同步。

按照现代教育观，作为人类认识结果的知识固然重要，但探求结果的方法更加重要。因此，现代教育更关心怎样使传授知识的过程成为掌握方法、开发学生智慧的过程。如果学生学习了一门学科，但没有掌握方法，那么，充其量只能说他们学过了这门学科，而不是掌握了这门学科。

因此，结束技能要素的重要方面就是显化教学过程中的方法，即明确指出方法的名称、揭示方法的形式、挖掘方法的内涵、说明方法的使用条件。

（4）深化拓展

深化拓展的教学行为，是引导学生通过对一些变式例证和反例进行讨论评价，使其对知识结论的适用条件深刻理解，进一步对学习进行拓展、引申、提高。

比如，初中"阿基米德定律"的应用，怎样进行深化拓展？教师可以通过向学生布置了解潜艇"掉深"知识的方式，让学生课外进行深化拓展。

南海舰队 372 号基洛级潜艇在 2014 年年初执行战备远航期间，突然遭遇意外下沉情况，导致艇内管路爆裂漏水、动力舱进水八分之一、失去动力，但全艇官兵修复潜艇后坚持完成战备巡逻任务，中央军委为此给 372 潜艇记集体一等功。

"二战"以来各国海军出现过数次海中断崖的失事，自救成功的，可能唯有中国海军 372 艇，因此此次自救被称作世界潜艇史上的奇迹。2014 年 12 月，中共中央总书记、国家主席、中央军委主席习近平作出重要指示，对海军 372 潜艇官兵群体先进事迹给予充分肯定。

"掉深"是指潜艇在水下航行中，如突遭海中断崖，浮力突然变小，急剧掉向海底的现象。"掉深"被称为潜艇兵的噩梦，而潜艇想要阻止"掉深"的话，有两个主要手段：一是及时增大浮力来上浮；二是通过舵面的流体动力作用来"爬升"。

导致 372 号潜艇意外下沉的原因是海底悬崖现象。由于温度、盐度分布不均，海水的密度并不相同，存在百分之一等级的差异。温度和盐度密度突然发生变化的区域称为温度跃层和盐度跃层。它们会导致声波在传输过程中发生折射、反射等情况，因此常常被潜艇用来隐藏自身行踪，躲避水面舰艇声呐的搜索。

在通常情况下，海水深度越大密度越高，因此在温度和盐度跃层分界线上，大多是下方海水的密度较大，这一现象被称为"液体海底"。处于悬浮状态的潜艇可以关闭发动机停靠在液体海底上，以降低本艇噪音，想继续下潜则需要向压载水舱注水以增加潜艇重量。在少数情况下，温度和盐度跃层分界线上方的海水密度较大，而下方的海水密度较小，这就形成"液体悬崖"。穿越温度和盐度跃层的潜艇会由于重量大于浮力而迅速下沉。

图 3-8　潜艇"掉深"示意图

据解放军报报道，372潜艇当时正在水下大深度巡航，并非处于主动下潜状态，因此其迅速意外下沉的原因并不只是单纯的"液体悬崖"，而是遭遇特殊的海洋内波。内波是主要发生在海水内部的水流波动，其学名为内惯性重力波，简称内波。内波的波浪振幅通常在十几米至几十米之间，波速在1米/秒以下，波长为几百米至几十千米。在通常情况下，由于低层海水密度较大，内波波浪内的海水密度也会较大，被卷入的潜艇会不由自主地上浮，这不会危及潜艇安全。在少数情况下，低层海水密度较小，被内波卷入的潜艇会迅速下沉。372号潜艇遭遇的就是这种情况。

遭遇特殊内波的潜艇绝不止372号一艘。1963年4月10日，美国长尾鲨号核潜艇在马萨诸塞州海岸线350千米外突然沉没，艇上129人无一生还。事后分析，该艇下沉的原因是潜艇在水中航行时突然遭遇强烈内波，因迅速下沉超过潜艇最大安全下潜深度，耐压壳破裂导致潜艇被毁。

（资料来源：腾讯网·军事频道　责任编辑：东方）

（5）组织练习

组织练习是指教师通过组织各种类型的练习，巩固和深化学生所学知识的教学行为。

组织练习的方式是多种多样的，一般包括教师讲解例题、师生集体讨论、小组讨论全班交流、个人练习全班交流等。

（6）作业布置

作业布置是结束技能最常见的形式。教师在课堂教学的最后，布置作业，使学生所学的知识得到练习与巩固。

5. 结束技能的应用要求

（1）紧凑性

结束技能的应用要把握好时间。一般而言，结束技能的时间范围在下课前的 3~5 分钟。

如果时间太短，既没有时间梳理总结，也没有回顾练习，更难以彻底解决课前导入阶段预设的问题，结果就会出现"虎头蛇尾"的现象。

如果时间太长，可能导致教师为了拖延下课时间，讲课小题大做，胡拉乱扯，甚至故弄玄虚，从而引起学生的厌烦，结果就会形成"画蛇添足"的效果。

（2）完整性

对导入提出的问题一定要回应，从而使教学首尾照应、浑然一体，形成完整的教学过程。课堂教学就像写文章一样，开始要有"豹头"，结束要有"凤尾"。

（3）概括性

概括性，可以说是结束技能的灵魂。结束技能存在的必要性，在很大程度上是由于概括的需要。结束不能简单地理解为总结，而是要对整节课进行高度的概括，提炼出规律性的东西。

比如，克劳修斯熵的教学（宏观熵），当给出了熵的概念与公式，许多人其实并不知道熵是什么。从结束技能概括性的角度说，**熵是反映一个系统的热量在空间分布均匀程度的物理量**。

（4）及时性

如前所言，课堂教学过程中任何相对独立的教学阶段的结束，都要及时总结，强调和巩固所取得的阶段性知识结论。

（5）动机性

结束技能还有非认知方面的作用，即通过教师的概括总结，使学生体会到获得知识的成就感、解决问题的愉悦感。这同样是结束技能应用的重要方面。

6. 结束技能的评价内容与标准

表 3-5　结束技能的评价内容与标准

评 价 内 容	评 价 标 准				
	优	良	及格	不及格	权重
1. 结束目的明确					0.20
2. 结束的方式与内容相适应					0.20
3. 使学生感到学有所获					0.15
4. 提高了学生对课程的兴趣					0.15
5. 使知识条理、系统化					0.15
6. 检查学习，强化学习效果					0.15

Chapter 4

第四章　教学动作技能

课堂教学技能是教师传播和交流学科信息的基本组成要素，是教师进行课堂教学必须具备的技能和基本功。通常，人们把教学技能分为两大类：教学的语言技能和教学的动作技能。二者又各包括五项技能。本章介绍教学的动作技能，包括以下五项技能。

一、演示技能——动手之技

二、板书技能——门面之技

三、变化技能——风格之技

四、强化技能——巩固之技

五、互动技能——沟通之技

第一节　演示技能——动手之技

[导读]

诺贝尔物理学奖获得者海森堡的答辩

海森堡当年在慕尼黑跟索莫菲做博士，系里另一个老大是Wien。Wien认为每个学生在理论和实验方面必须都做得很好，因此对实验水平要求特别高，但是海森堡……咋说呢，估计实验水平跟俺大学时候差不多，数据伪造的居多。据说他有次测音叉频率，直接拿耳朵听了一下就交差了。所以Wien好像对他不是很满意。

到了毕业的时候，可就麻烦了，因为Wien也是老大啊。所以毕业答辩，Wien和索莫菲是评委，分数是两个人共同给的。索莫菲那边没啥，毕竟是自己的大老板啊，而且给的题目海森堡做得不错，肯定是最高分了。Wien那边就麻烦了。海森堡这个愁啊，于是早早地把理论的论文交了，开始准备实验去了（不会是跟我一样天天上bbs去了吧）。到了答辩的时候，Wien和索莫菲坐在桌子前，大家发问。前面都是数学问题啥的，海森堡轻松搞定，正在得意的时候，

Wien 发问了。Wien 知道海森堡最近一直在捣鼓法布里博罗干涉仪，心想这个他熟，于是就让他现推一下这种干涉仪的分辨率。海森堡折腾了半天，不会。Wien 一看敢情这个太难了，就来了句，你把普通显微镜的分辨率推一下吧。这个东西也就普物水平，应该算是放水了吧。结果海森堡郁闷半天，还是不会。答辩结果，索莫菲给了海森堡一个 A，Wien 给了他一个 F（fail）。不过最后两项成绩一合计，海森堡还是顺利毕业了，不过据说成绩是这个系有史以来的倒数前三。索莫菲倒是没啥，当天晚上开了个 party，要庆祝海森堡获得博士学位。海森堡可是受不了了，借口自己身体不舒服，提前撤退了，然后背包就去了波恩那里。

波恩在大约年前就给了海森堡一个研究助理的位置，但是海森堡不知道自己毕业成绩这么烂，老大还肯不肯要啊。于是他一去就跟波恩说了答辩的情况。波恩考虑了老久（我估计中间海森堡快担心死了），然后跟海森堡说，这两个问题是比较 tricky 的，答不出来也不算什么，这个位置还是给的。虽然老大发话了，但是海森堡还是心里不踏实啊，于是他决定再跟个老师认认真真学习做实验。于是找了另一个哥廷根的老大，要他教自己实验。可是据后来的事实证明，海森堡学了两遍实验，还是啥都不会。到了海森堡发现测不准原理的时候，其中一个理想实验也是有关显微镜的分辨率推导的，不幸的是，他还是不会，是波恩帮他做出来的。

有些人的工作是由于数理功底扎实，水到渠成，但他们从事的问题别人去做也可能成功。但海森堡的研究就非常奇怪，比如，他不会严格计算湍流，但是猜出了二维湍流解。最后这个解被林家翘严格证明了。诺伊曼通过数值计算也发现他是对的。

量子力学的创立也是如此。谁也没想到他能够一开始就完全放弃轨道等经典概念，只从客观测量出发建立量子力学。戈德史密特作过氦光谱的问题，他想用轨道自旋耦合解释，费尽力气也没找到答案。然后海森堡开始做，他从一开始就意识到这可能与反对称波函数有关，结果得出了答案。这好像是反对称波函数的第一次应用。

顺便提一句，海森堡的理论论文是关于水流的运动问题，要求解湍流。前面的八卦里我们说过，他的解是猜的，不过 Wien 对他这篇文章很满意，准备让他在 Wien 自己主编的一份杂志上发表。不过有另一个牛人不同意，认为结论不够严谨，所以没能发。大家猜猜这个牛人是谁？她叫 Noether。

一些补充。重新翻阅了 *Uncertainty* 那本书，里面提到的是海森堡答不出 telescope or microscope 的分辨率，甚至，更糟的是，他连蓄电池的原理都没答出来。Wien 后来给海森堡老爸写过一封信，说在他看来，海森堡不适合从事物理。海森堡在哥廷根学第二遍实验的时候，好像跟的人叫 Franck。过了一段儿，Franck 劝海森堡离开实验室，因为这样海森堡可以真正利用自己的时间（原文是 the bored young man could make better use of his time doing theory），说白了就是劝他不必在实验上白费力气了。另外，书里提到波恩对海森堡的遭遇表示理解，可能是因为他自己在实验方面也并非那么顺利，哈哈。

据说海森堡给自己弄了个墓志铭，"He lies somewhere here"。直译就是"他在这里，且在别处"。明白不确定原理的应该都知道这句话的意思。

（资料来源：物理大神的八卦完整版——大爱物理　作者：1839133013）

1. 演示技能的概念

演示技能是教师在教学过程中运用实验操作、实物及模型观察、现代教学媒体表演等直观教学手段，充分调动学生的视觉、听觉，形成表象及联系，并指导学生进行观察、思维和操作的一类教学行为。

总而言之，演示能够提供丰富的直观感性材料，为学生的实验操作提供示范，激发学生的学习兴趣，促进学生观察能力和实验能力的发展，并可以从中学习到科学的实验方法。

2. 演示的理论渊源

（1）教学媒体的理论

人对客观事物的感知是通过五种感官来完成的（味觉、触觉、听觉、视觉、嗅觉）。信息传输理论的研究表明，每一种信息传输通道传递信息的效率是不同的，感官效率是：味觉 1.0％，触觉 1.5％，嗅觉 3.5％，听觉 11.0％，视觉 83.0％。通过各种感官获得信息的记忆效率是：读 10％，听讲解 20％，看 30％，听、看结合 50％，理解后的表达 70％，动手做及描述 90％。（K.Spencer，The psychology of educational technology and instructional media，p.103，1988）可见，视听的感官效率是很高的。而对于记忆效率，视听结合与理解后的表达也表现出很高的效率。这说明，在演示中注意演示与讲解的结合，演示与学生的理解活动相结合，可以取得好的教学效果。

（2）教学媒体的功能

演示技能需要应用多种教学媒体，而各类教学媒体在教学中有各自的特点。了解这些特点，对于选择与应用教学媒体具有很大帮助。

表 4-1　各类教学媒体的教学功能特点

	实物（模型）	语言讲解	印刷品	图片	电影录音
引起动机	√	有限	有限	有限	√
提示活动方向	×	√	√	×	√
提示活动方法	有限	√	√	有限	√
促进理解	有限	√	√	有限	√
唤起转移	有限	√	有限	有限	有限
指导思考	×	√	√	×	√
评价结果	×	√	√	×	√

显然，在了解了各种信息通道的感觉和记忆效率，以及各种教学媒体在教学中的功能特点后，就可以恰当地选择教学媒体了。

（3）教学媒体的选择

教学媒体的选择，主要还是取决于教学内容的性质。具体而言，如果所要传递的是一种感性的具体经验，则必须在非言语系统中选择合适的媒体；如果所要传递的是一种理性的抽象知识，则除了要有必要的非言语系统媒体相配合外，还必须选用言语系统的媒体（即教师要讲），否则就难以完成传递知识的任务。

3. 演示的基本类型

（1）按照应用的教学环节分类

① 引入课题的演示。

② 建立概念和规律的演示。

③ 验证和巩固概念与规律的演示。

④ 有关规律应用的演示。

（2）按照演示手段和方式分类

① 实验演示。

② 模型、实物的演示。

③ 图片、图表的演示。

④ 应用现代化教育技术手段进行的演示。

4. 演示技能的构成要素

（1）引入演示

在问题情境下提出需要演示的任务，使学生的注意力集中到演示上来。在演示前先向学生说明需要观察什么，为什么要观察，怎样进行观察以及观察中应该思考的问题，使学生处于乐于观察的心理状态中。这就要求教师要善于运用导入技能，使演示的引入既简明扼要，又欲擒故纵。

（2）出示媒体

演示技能构成要素的这一步，要求教师首先出示媒体，要注意媒体摆放的位置的高度、亮度等，确保全班同学在座位上都能观察清楚。如果媒体较小，是采用巡回演示还是分组观察，教师都要事先做到心中有数并作出计划。

其次，教师还要简明扼要地向学生介绍所使用媒体的构成、功能、使用方法、观察方式等，以便为演示操作作必要的铺垫。

（3）实验操作

实验操作要求教师的操作必须科学规范、动作准确、操作熟练、确保成功。只有这样，才能使教师的操作起到潜移默化的作用，成为学生实验操作的榜样。

实验操作要求教师的操作还必须进行适当的控制。包含三方面内容：首先是教师的演示操作正确、规范，保证演示现象的成功；其次是依据演示目的和学生的反应有效地控制演示的快慢、次数、方向、位置；最后是对演示操作过程进行某些特殊的控制，使演示现象便于学生分析概括。请看下面的例子。

叠砖实验——1993年我获得河南教育学院中青年教师教学大赛一等奖第一名的参赛作品。

问题：用建筑工地上的红砖，在水平桌面上依次由下往上堆放，如图4-1。在砖不翻倒的条件下，为使最上面一块砖的左端与最下面一块砖的右边对齐而不翻到，应如何堆放？

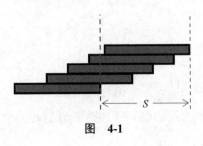

图 4-1

135

叠砖实验——归纳法

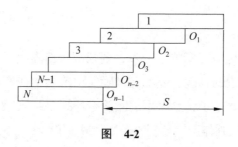

图 4-2

归纳法是从特殊到一般的方法。

这个问题的物理实质是一个力矩平衡问题。忽略砖宽 b、砖高 a，按照由特殊到一般的研究方法，我们先来研究最上面一块砖有最大伸长量并且不翻倒的条件。那就是，最上面那块砖的重心不能超过第二块砖最右端的支点。也就是说，最上面那块砖伸长量为

$$s_1 = \frac{l}{2}$$

要使最上面两块砖相对于第三块砖有最大伸长量而且不翻倒，要求最上面两块砖的合重心不能超过第三块砖最右端的支点。

设最上面两块砖的合重心到第三块砖的最右端为 x，如图 4-3，以第三块砖的最右端为支点，根据力矩平衡原理：

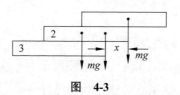

图 4-3

$$mx = m\left(\frac{l}{2} - x\right)$$

则第二块砖相对于第三块砖的最大伸长量为 $s_2 = \frac{l}{4}$

同理可求出前三块砖的合重心的位置：

设前三块砖的合重心到第四块砖的最右端为 y，如图 4-4，以第

四块砖的最右端为支点，根据力矩平衡原理：

$$2my=m\left(\frac{l}{2}-y\right), \quad y=\frac{1}{6}l.$$

则第三块砖相对于第四块砖的最大伸长量为 $s_3=\dfrac{l}{6}$

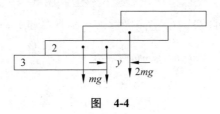

图　4-4

依次类推 $s_4=\dfrac{l}{8}$，$\cdots$，$s_n=\dfrac{l}{2n}$.

s_n 就是由归纳法得到的结论。

叠砖实验——演绎法

演绎法就是由一般到特殊的方法。下面用演绎法进行讨论。

为使砖伸出底部一块砖的距离最大，显然用长为 l 的边作为伸长边。砖在堆放过程中，为使砖堆不翻倒，必须相对于每一块砖伸出端的上边线作为支点，在如图 4-5 所示的 o_1，o_2，o_3，$\cdots o_{n-1}$ 等支点都不发生转动。

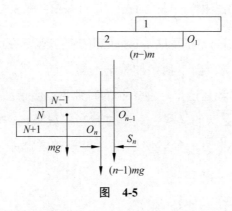

图　4-5

这要求各支点的上面部分的所有砖的重心位于通过该支点所作垂线的向上延长线的左边或延长线上，重心在垂线的延长线上是极限情况。如果 o_1，o_2，o_3，$\cdots o_{n-1}$ 各支点中有一个点不满足上述条件，则砖就会翻倒。

现在来分析第 n 块砖的伸出量。假定支点上面部分 $(n-1)$ 块砖的重心位于通过 o_{n-1} 支点所作垂线延长线上，由此可以把相对于支点 o_n 的合成的 n 块砖的重心位于通过支点 o_n 所作的垂线延长线上，即：

$$mg(n-1)s_n = mg\left(\frac{l}{2} - s_n\right), \quad s_n = \frac{l}{2n}.$$

根据得出的结论：$s_n = \dfrac{l}{2n}$

当 $n=1$ 时，$s_1 = \dfrac{l}{2}$

当 $n=2$ 时，$s_2 = \dfrac{l}{4}$

当 $n=3$ 时，$s_3 = \dfrac{l}{6}$

当 $n=4$ 时，$s_4 = \dfrac{l}{8}$

所以，总伸长为：$S = s_1 + s_2 + s_3 + s_4 = \dfrac{25}{24}l = 1\dfrac{1}{24}l$

一般红砖的规格为：长 24cm，宽 11.5cm，厚 5.3cm

可知 $\dfrac{1}{24}l = 1\text{cm}$，正是这 1cm，使得叠砖实验具有可操作性。

不谦虚地说，当年我参加教学大赛之前，我就知道第一名非我莫属。毕竟，我是这个专业毕业的研究生。所谓教学论，说白了，就是教人如何上课的学科。只不过我当年算菜鸟一枚，不敢大声说出自己心中的话。今日说出来当年未曾说出来的话，也为时未晚！

（4）引导观察

教师要根据演示的目的和核心问题，提出演示的总的观察任务。在演示过程中，根据总的观察任务提出每一个演示步骤的观察任务。

必要时要引导学生对某一演示现象反复观察，强化观察印象。

（5）提示点拨

无论是教师的讲解还是学生的观察，都是要对被观察事物现象背后本质的揭露。因此，在学生观察后，教师要画龙点睛地指出重点，以便达到让学生进一步理解观察的目的，使学生抓住观察的要点。

提示点拨要求，教师对观察的方法、步骤或呈现的现象加以说明和解释。还要提出问题，启发学生在观察的基础上进行思考，引导学生运用已有的知识解释观察现象，或者为理解观察现象中包含的概念、原理做好铺垫。请看下面的例子。

2012年10月23日，一段视频在网上火了：在一个大学课堂上，一位大学男教师徒手劈开了一块黏土砖。很多网友惊呼"知识就是力量"，也有网友感叹："教授会武术，流氓挡不住。"这段视频的主角，更被网友称为"劈砖教授"。

到底是科学还是武术，抑或是魔术？视频中的这位大学教师——四川大学计算机学院35岁的副教授魏骁勇说，当时正在给研究生上科学工程实践课，他并不是为了展示功夫，而是要借机讲授一些物理原理在实践中的应用。

火爆视频——大学课堂男教师单手劈砖

这段视频时长12分钟，在短短几小时之内就成为网上最热门的视频之一，当日仅在优酷网上的点击率便已超过31万次。

在这段视频里，魏老师全程用英文授课，主要是想引导大家理解科学与实践的关系。讲着讲着，他一阵摩拳擦掌后，摇摇头、甩甩脚、掰掰手。"我来表演个单手劈砖……""魏老师要劈砖？没听错吧？"同学们瞪大了眼睛，拍起了巴掌。

魏老师拿出一块长、宽、高分别为20厘米、10厘米、5厘米的砖头，砸碎一颗核桃。然后他把砖块放在课桌上，使砖块的一端留在桌上、一端伸出桌面，脱下外套后，马步扎了不到一分钟，"哈！"随着一声吆喝，魏老师抬起的手臂猛地砍向砖块，砖应声断成两截。

"哇，魏老师真牛啊！"教室里再次传来掌声。这位大学副教授，仿佛瞬间变成了武林高手。同学们纷纷围了上来，询问魏老师手有没有受伤，痛不痛。关键是一个子不高、长相斯文的大学教师，怎么能做到单手劈砖？

演示完后，魏老师又镇静地走回讲台，对着PPT开始讲述自己是如何劈砖成功的。银幕上出现了一段公式，随后是阿基米德的头像。

劈砖原理

冲量定理加杠杆原理，外加点运气

随后，魏骁勇向记者详细讲解了劈砖过程中包含的科学原理："其实就是科学运用于实践，再加上一些小小的运气。"

魏老师解释，所谓的运气是指砖的硬度不同，劈砖时发出的力度不同。也许遇到一块烧制得较好的砖，可能就无法一次性成功。

但如果掌握对了科学原理，正确实践，成功劈砖的概率很大。他说，其中主要包含两个科学原理，一个是冲量定理，另一个是杠杆原理。先要把砖头悬空，这样力不至于被桌面分散。根据冲量定理的公式，人以很快速度并在很短时间内完成劈砖的动作，这就足以产生很大的力将砖头劈为两半。当砖头悬空部分更多时，事实上砖头与桌面的边缘形成了一个省力杠杆。当力作用于更省力的远端时，就会被放大。由此劈开砖头就更容易了。

最后，魏老师也提醒，虽然科学原理的运用看似简单，但劈砖还是有一定风险的，希望观看了视频的网友不要模仿，以免受伤。

（资料来源：《华西都市报》）

（6）得到结论

在演示之后，教师要通过提问、小组讨论、展示、总结等多种方式检查学生是否真正了解了所观察的现象、是否掌握了现象中所蕴含的知识。为此，教师要引导学生对演示呈现的现象或得到的实验数据做必要的记录和整理，从而通过演示初步得出结论并和学生即将学习的知识建立联系，为进一步讲解或讨论做好准备。

5. 应用要点

（1）确保安全

许多大学教学技能著作在演示技能应用要点中虽然也有确保安全的条文，但通常都把这一条文放到最后，这多多少少反映出作者实验素养的缺失。事实上，如果一个人没有长期的实验教学经历，是不可能充分认识到确保安全的深层含义的。

演示能不能确保安全，取决于教师的实验安全意识，取决于教师的实验技能以及能否严格按照操作程序进行实验。因此，演示操作要做到准确无误，切不可因粗枝大叶影响演示效果，甚至发生事故。请看下面一个例子。

动物实验管理漏洞酿重大教学事故
——东北农大学生感染布鲁氏菌病事件追踪

今年 3 月至今，黑龙江省东北农业大学的 27 名学生及 1 名教师因使用 4 只未检疫山羊进行实验而感染布鲁氏菌病。5 日，东北农业大学召开新闻发布会，通报了这一情况，并向社会致歉。这 4 只未检疫山羊是如何躲过重重把关进入实验室的？患病学生是否治愈？动物实验管理漏洞是否得到重视？新华社记者对此进行了追踪调查。

病山羊未经检验躺上实验台　　28人感染布病

今年3月4日，东北农大动物医学专业医硕071班一男生出现发烧、头晕症状，并伴有左膝关节疼痛病症，经东农医院诊治两天后效果不明显转院治疗。3月14日，黑龙江省农垦总医院检验结果表明，该学生布病血清学检验阳性。随后，该校动物医学院和应用技术学院又有多名学生被检测出布病血清学阳性。

据初步了解，患病学生所在的班级分别于去年12月使用同一批山羊、在多间实验室进行过"产科综合大实验"和"家畜解剖课实验"，且患病学生大多为亲自动手做实验的学生。

据了解，去年12月，东北农大几名教职工先后从哈尔滨市香坊区一家养殖场购入4只实验山羊。按规定，校方本应要求养殖场出具检疫合格证明，但几位教职工没有按规办理。在5次实验之前，实验指导教师均未按规定对实验山羊进行现场检疫。接下来，两位教师在指导学生实验过程中，也没有切实按照标准的实验规范严格要求学生进行有效防护。

据东北农大排查，2010年11月4日至2011年3月31日期间，布病高危感染范围包括3门实验课、5次实验，涉及4名教师、2名实验员、110名学生。5次实验，共使用4只山羊为实验动物，全部源于同一家养殖场。东北农大断定这4只未检疫山羊带有布鲁氏菌。

截至目前，此事共造成27名学生和1名教师感染。

动物实验管理存漏洞　　部分患病学生已临床治愈

今年年初，东北农大应用技术学院畜禽生产教育专业学生刘某某回家过寒假。她父亲说："感觉孩子脾气大了，让她干啥活儿也不爱动弹。"刘某某返校后听说有学生做实验感染了布鲁氏菌病。因为上学期也曾用山羊做过实验，她开始担心，主动去医院做了检查，结果也被确诊感染布病。

刘某某同班的王某某说："寒假回家我开始发烧，右大腿疼，医生说是关节炎。"王某某说，开学后因为腿疼走不了路，她没法上课，靠贴膏药缓解疼痛。半个多月后有些好转，但教室在6楼，她还是爬不上去，同学背着她上楼，坚持上了一个星期的课。

据李某某等学生介绍，去年12月19日他们上了羊的解剖学实验课。实验用的这只山羊，非常瘦小，一看就不正常。实验室就像仓房，特别脏，杂物很多。解剖器具是老师自带的，他没戴手套就开始实验了。上课的前一天，老师说让学生自己准备手套。有的同学准备了，有的没有。实验结束后，学生们洗手时没有用消毒液。实验室也没消毒，下一年级同学就进去做实验了。实验室过道上还有羊的粪便、血迹，有同学是捂着鼻子进去的。

3月19日，校方得知部分学生感染布病，召开紧急会议，将染病学生送往专科医院治疗。4月初，对有关师生进行了检测排查。东北农业大学党委书记、校长徐梅表示，对这起事故学校将承担全责，并尽一切努力做好学生的治疗和善后工作。

她介绍，事故发生后，学校尽全力对学生进行治疗，多次恳请卫生部门组织专家会诊、确定最佳治疗方案，并支付全部医疗费用。经救治，目前除两名学生因骨关节少量积液、医院建议住院观察或门诊随访外，已有25名师生临床治愈、1名学生好转，可以出院。现已有18名师生出院，并有17名学生已就事故善后问题与学校签署了相关协议。

布病人之间不传染　学校深刻吸取教训

此次接诊患病学生的黑龙江省农垦总局总医院布病科，是我国第一家布病专科病房。据从1983年开始从事布病临床治疗的主任医师李福兴介绍，布病是由布鲁氏菌感染引起的人兽共患传染病，有潜伏期，发病后三个月内为急性期。病原菌主要由患病牲畜传染给人，使其出现发热、关节肌肉疼痛、乏力、多汗等临床表现。少数患者可能出现生殖系统、骨关节系统、循环系统、神经系统等某个系统的损害。

李福兴表示，布病在人与人之间不传染。经过系统正规治疗，绝大多数布病患者都能临床治愈，没有后遗症。部分病人治疗结束后，需要约半年恢复期，可能还有乏力、关节疼痛等感觉。因布病引起并发症的病人，治疗相对复杂，需进行全面、综合、针对性治疗。

东北农业大学新闻发言人、副校长冯晓说："我们对此深表痛心，并向患病师生和家属表达深深的歉意。"事故发生后，校方向患病学生及家长告知了此次事故处理方案，对相关责任人员做出严肃处理，免去了动物医学学院院长和党委书记的职务，分管教学副校长作书面检查，相关教师也受到处罚。

他说这一事件暴露出学校管理存在多方面问题：一是东北农大对教学动物实验活动管理不严，未按照《黑龙江省实验动物管理条例》有关规定，建立实验用动物采购、管理、使用制度。二是法律意识薄弱，在购买实验用动物时，未依照《动物防疫法》及相关法规规定办理检疫手续，实验前对实验用动物没有进行必要的健康检查。三是未按法律程序申报检疫。四是动物实验教学未在符合实验条件的实验室中进行，参加实验的师生防护措施不当。

东北农大表示，已深刻汲取此次事件教训，进行整改。事故发生后，立即暂停了一切与实验动物相关的各类实验，对全校实验室先后开展了三次大检查，堵塞漏洞，整改隐患。进一步健全了加强实验动物管理的有关办法，重新修订了相关实验操作安全细则，组织师生开展了实验室安全教育等。同时，深刻反思学校在管理中存在的问题和漏洞，逐一查摆清楚、分析原因、整改落实，以切实提高学校的整体管理水平。

据黑龙江省教育厅相关负责人介绍，黑龙江全省高校已借此进行全省高校实验室的整改，以避免类似事件再次发生。

（资料来源：新华网　记者：刘景洋、曹霁阳　2011年9月5日）

（2）确保成功

演示实验是教师在课堂上进行的示范性表演，这种以身施教的作用对学生的影响是深刻而长久的，因此，教师务必保证演示成功。

确保演示成功不仅要求教师要准备充分，有娴熟的技巧，灵活的应变能力，还要求教师注意演示的环境条件和操作细节。

（3）现象清楚

是指务必使全班同学都能够看清楚，为此，仪器或媒体的尺寸要足够大。为了把不太明显的现象突出出来，通常还需要采用背景衬托和染色处理等措施。

（4）操作规范

是指要保障仪器设备正常运行，保障实验者的人身安全。具体包括仪器的放置、安装、操作、数据取得和记录等，都要符合演示的规范要求。

（5）讲解指导

演示过程中教师要进行必要的讲解，通过讲解，使学生有目的、有针对性地去观察现象，从而抓住现象的关键和背后的本质；通过讲解，还可以启发学生学会边观察边思考，把对现象的感知转化为积极的思维活动；通过讲解，还可以使学生领悟到实验方法以及操作技能，等等。

6. 演示技能的评价内容与标准

表 4-2　演示技能的评价内容与标准

评价内容	评价标准				
	优	良	及格	不及格	权重
1. 演示目的明确，解决教学重点难点					0.10
2. 媒体选择恰当，有利传递教学信息					0.10
3. 演示前对图表、实验等交代清楚					0.10
4. 演示中指导学生观察，强调关键之处					0.12
5. 演示程序步骤有条不紊					0.08
6. 演示操作规范，示范性好					0.10
7. 演示、讲解结合，有启发性					0.10
8. 演示效果明显，直观性好					0.12
9. 多种媒体配合，增强效果					0.10
10. 演示物准备充分，有利观察					0.08

第二节　板书技能——门面之技

[导读]

理查德·费恩曼

　　理查德·费恩曼是当代最伟大的物理学家之一，被誉为"天才中的魔术师"。他以物理学的巨大贡献名垂青史，并因在"挑战者"号航天飞机事故调查中的作用闻名遐迩。与绝大多数物理学家不同的是，费恩曼将物理学研究视为一种娱乐，并用一种独一无二的方式与自然交流，只有当他将研究结果表示出来，我们才能与他分享"真实世界"的秘密。

费恩曼不仅是一位物理学巨匠，同时还是一位杰出的教师，他关于物理学的演讲曾令无数后来者心驰神往。

什么是最好的教学？费恩曼认为：只有当一个学生与一个好老师两者处于某种直接的个人关系时，此时学生才谈论想法、思考事情并交换意见，这才是最好的教学。

与大多数教授只重视研究，不屑于从事教学尤其是本科教学工作不同的是，费恩曼不仅喜爱教学，而且把它视为自己事业不可分割的一部分。他曾说："在课堂上，你可以思考一些已经很清楚的基本问题。这些知识很有趣，令人愉快，重温一遍又如何？教学能给旧的知识新生命。如果你真的有什么新想法，能从新角度看事物，你会觉得很兴奋。"这段话体现出费恩曼不仅喜爱教学，而且对教学的本质有着独到而深刻的见解。

1951年夏天到1952年6月，费恩曼到巴西访问讲学。让他感到惊讶的是巴西的物理教学状况。巴西学生"什么都背的很熟，但完全不理解自己在背什么。"除了认识到这一点之外，没有解决教育问题的任何办法。但现在的情况是我们有这么多的学生要教，我们只能试图找一种替代物来代替这种理想的状况。费恩曼发现巴西学生能背出布儒斯特角的定义，但当让他们通过偏振滤光片看海水，发现从海水反射出来的光是偏振光时，他们却惊呆了！——因为他们的书本知识和真正的世界是隔绝的！

费恩曼认为，巴西的教育系统是一种"自我繁衍系统"。人们通过考试，然后又去教别人怎样通过考试，没有人去思考怎样理解物理知识的实质。低水平的物理教师、枯燥呆板的教材、"动机不纯"的学生，三者的结合必然是一种应付考试的教育模式，没有愉快可言，学习成为痛苦和焦虑。这段经历促使费恩曼对"物理学和物理教学究竟是什么"进行了深入思考。他认为："科学是一种方法，它教导人们，一些事物是如何被了解的，不了解的还有些什么，对于了解的现在又了解到什么程度（因为没有绝对了解的），如何对待疑问和不确定性，依据的法则是什么，如何思考并做出判断，如何区别真相和欺骗……在对科学的学习中，你学会通过试验和误差来处理问题，养成一种独创精神和自由探索精神，这比科学本身的价值更大。"

20世纪60年代初期，一些有识之士敏锐地发觉，大学前两年的基础物理课程内容过于经典，未能将相对论和量子力学这些近半个世纪以来发展起来的令人兴奋和惊奇的新思想、新发现融合在教学中，可能导致这些新思想有脱离、隔绝整个人类文化发展的危险趋势。有鉴于此，加州理工学院的桑兹说服物理系主任巴彻，联合物理学家莱顿、内尔一起启动一项改革计划，大胆地提议"请费恩曼做物理导论课程的演讲并最终决定演讲内容"。

在费恩曼之前，从来没有任何大物理学家教过大学新生的物理课，但费恩曼却被这一挑战和机遇所吸引。他准备面向更广泛的听众阐释他的思想方法。这个著名的课程从1961年9月到1963年5月，跨越了两个学年。由于预计到事情的极不寻常，从一开始全部内容都录了音，写成短文最后整理成书，出版了著名的近两百万字的三卷本《费恩曼物理学讲义》。费恩曼每周讲两次，他把全部时间用来准备，计划好演讲的结构并把它们串起来。尽管演讲前他已把方方面面都想过了，但并没有正式的讲义，仅仅带一张写着关键词的纸做提示，让自己注意讲课的连贯性和流畅性。加州理工学院的物理学家古德斯坦后来说："我从他的讲稿得知，他并不需要很多注解来提醒自己要讲什么，因为他熟悉要讲内容的详细情况，中间还有不少即兴发挥。"

费恩曼的物理演讲达到了炉火纯青的地步，"它们像是演出，开头、中间和结尾都很有趣。每个演讲都自成一体，而且都是以对要点的概括作为结束，以便学生将来参考。"他不但把基础物理学中公认的困难概念变成了能让大众接受的东西，而且令听众感到有兴致。对于费恩曼来讲，"演讲大厅是一个剧院，演讲就是一次表演，既要负责情节和形象，又要负责场面和烟火。不论听众是大学生、研究生、他的同事、普通听众，他都真正做到谈吐自如。"

在对物理教学反思的基础上，费恩曼回答了物理教学的目的：我讲授的主要目的，不是为了你们参加考试做准备——甚至不是为了你们服务于工业或军事部门做准备，我最想做的是给出对于这个奇妙世界的一些欣赏，以及物理学家看待这个世界的方式，我相信这是现今时代里真正文化的重要部分。显然，费恩曼一语道破了物理教学的真正目的。

进一步，费恩曼总结了学习物理学的五个理由：第一是学会测量和计算及其在各方面的应用（培养工程师）；第二是培养科学家，不仅致力于工业的发展，而且贡献于人类知识的进步；第三是认识自然的美妙，感受世界的稳定和实在；第四是学习由未知到已知的、科学的求知方法；第五是通过尝试和纠错，学会有普遍意义的自由探索的创造精神。其中后面三条理由，应该是每个完整意义上的人——不只是未来的物理学工作者——学习物理学的真正理由。这充分体现了费恩曼对于物理教学价值的独特见解。

费恩曼自我评价道：从长远来看，他对物理学所作的最大贡献并不是 QED（量子电动力学）或其他理论工作，而恰恰是他的《讲义》。费恩曼明确指出：科学理论可以来了又去，被更好的理论所取代。但科学的方法，书中他所热情描述的发现事物的那种快乐，却是科学赖以建立的基本原则。这说明，在费恩曼的眼中，好的教学其实也是具有开拓性的和创造性的研究。

作为一位著名的科学家，费恩曼还具有参与公共事务的热情和对社会责任的担当。1986 年 1 月 28 日，美国"挑战号"航天飞机失事，七名航天员全部遇难。已经身患癌症的费恩曼还是坚持参加了事故原因调查委员会。为了证明是由于发射时气温过低造成密封用的"O形橡胶圈"失去弹性导致燃料泄漏引起事故，费恩曼在国会对着摄像机，用一杯冰水和橡胶圈做了著名的"O形橡胶圈"实验，无可辩驳地证实了导致爆炸的原因，并且猛烈地抨击了官僚做派和对事故真相有意无意的掩饰。

为什么费恩曼能够继续影响现代物理学和普罗大众？一言以蔽之，归根结底是通过他的教学集中体现的。具体来说，就是他对待物理学的方法，而实际上是关于生活的普遍方法。随着科学的进化，我们不可能去预言费恩曼的科学贡献将以何种方式持续多久。可是，费恩曼教导过人们的一些东西：如何去思考，坚持审慎的诚实与正直，从不欺骗自己，而且对任何理论无论多么地珍爱，只要它与实验不符就加以拒绝。还有最重要的，激发对自然的敬畏与欣赏以及对科学的热爱。所有这些，无论科学本身将会如何发展，都会让费恩曼在科学上留下一个永不磨灭的印记。

（资料来源：《物理教学论》——费恩曼的物理思想　作者：邢红军）

1. 板书技能的概念

板书技能是教师运用黑板或投影片上的文字、符号和图像的方式，向学生呈现教学内容、认识过程，使知识概括化、系统化，帮助学生正确理解，增强记忆，提高教学效率的一类教学行为。

何谓板书？板书是指教师在教学过程中，根据教学的需要，将一定的教学内容转化为各种符号（文字、数字、字母、线条、图表、图像等，并通过一定的介质（主要为白板、黑板与粉笔）展示在学生面前，以帮助学生理解、促进知识迁移、强化信息传输、增强学生记忆，从而提高教学效果，最大程度地实现教学目标。因此，板书就是指传统意义上的黑板字、板画等。

随着信息技术的发展和多媒体辅助教学的运用，电子板书走进了课堂，甚至占据了绝大部分的课堂教学板书。电子板书是指用多媒体设备将文本与静态图像等教学内容在幕布上进行投影的呈现方式。应该特别强调指出的是，现在存在一种倾向，即许多教师用电子板书完全替代传统板书，一节课甚至几节课都不写一个粉笔字，这种倾向是错误的。正确的做法是，在以电子板书为主的前提下，还应与传统板书有机结合使用，才能达到最佳的教学效果。

2. 板书技能的功能

（1）化难为易，化繁为简

板书与板画具有化难为易、化繁为简的功能，特别是板画在这方面的功能尤为突出。抽象的知识有时单靠语言的讲解学生可能难以充分理解，而借助于教师寥寥数笔的板画，学生就会豁然开朗。

（2）强化记忆，减轻负担

教学仅用语言来讲解概念、规律是非常困难的，甚至是不可能的。因此，在讲解的同时，教师精心设计条理清晰、直观鲜明的板书，可以使学生抓住知识的中心与要领，帮助学生对知识进行理解与记忆，减轻学习的负担，提高教学效率。

（3）揭示本质，反映规律

板书作为课堂口语教学的重要辅助方式，其重要作用在于揭示教学内容的本质，反映客观规律。教师无论把教学内容讲得多么清楚完美，但由于教学语言的特点是转瞬即逝的，因此，教师把每一句话都多次重复既不可能，又没有必要，而板书恰恰弥补了这一不足。板书还能把关键的教学内容保存下来，这就有利于学生对教学内容形成长时记忆。

（4）激发兴趣，启发思考

板书具有形象性和直观性的特点，是一种特殊的教学杠杆。教师利用它，可以有效地放大学生的智慧，降低教学内容的难度。板书不仅避免了枯燥的叙述，而且能够激发学生的兴趣，启迪学生思考知识背后的本质。

3. 板书技能的构成要素

（1）板书板画配合

板书中的文字符号书写规范，即文字符号正确，字体工整，笔顺规范，笔画清晰，一行字要写平直。注意不要长时间挡住学生的视线。

在黑板上绘画即板画，也是板书技能的重要方面。教师应当掌握与教学内容有关的平面图、立体图、正投影图、剖面图、元件符号图、示意图等基本绘画技法。通过必要的训练，使这些基本技法达到熟练迅速、准确规范、简洁明快，并突出事物本质。

王羲之书法欣赏

王羲之《兰亭序》，被誉为"天下第一行书"。《兰亭序》具有很强的艺术特色，其突出之处就是章法自然，气韵生动。通观全文，从容不迫，得心应手，使艺术风格同文字内容有机结合起来，充分表现了王羲之与朋友聚会时怡然自足的情怀。该作品情文并茂，心手合一，气韵生动，被历代学者奉为学习行书的典范。

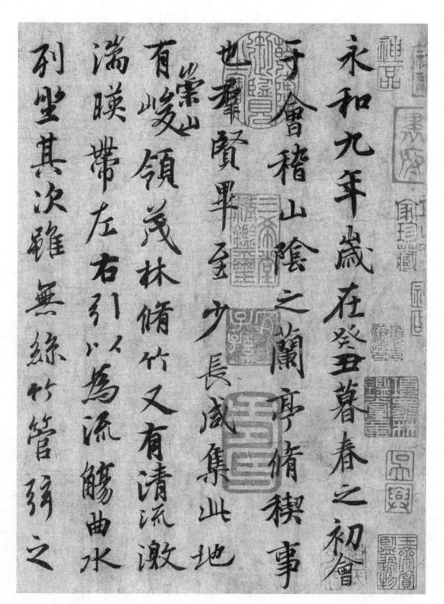

图 4-6

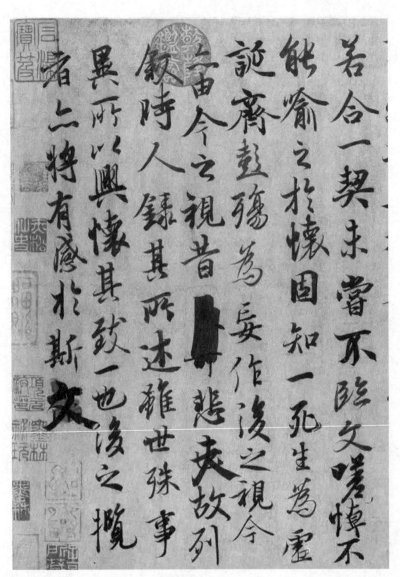

图 4-7

对于王羲之的书法，我们每一个人都应该抱有"高山仰止，景行行止，虽不能至，然心向往之"的景仰之心，并在日常生活中加以揣摩，同时运用到板书技能中。

（2）优化结构布局

板书的布局一般为：主板书在黑板左部占黑板总面积的三分之二，右边三分之一部分作为副板书的位置。主板书的版面安排，应将板书内容按纵向分成两到三栏书写，这样每一栏中的行不太长，便于书写，也比较美观。

（3）板书讲解配合

板书与讲解是一个不可分割的整体，二者有机结合才能更好地传递教学信息。结合的形式不拘一格，主要是根据教学内容的需要，或先写后讲，或先讲后写，或边讲边写。

（4）强调重点、难点

由于电子板书的出现，传统板书的地位与作用下降，这是不争的事实。在这种情况下，传统板书的设计更要惜字如金，要做到层次分明，体现知识结构，体现内在联系，展现逻辑关系，以凸显重点与难点。

4. 板书技能的类型

（1）提纲式

提纲式板书是以教学内容的结构或提要为主的板书，能够较为完整地反映教学内容的脉络与逻辑。这就要求教师根据教材内容，经过分析、归纳，用最精练的语言，准确概括出各部分、各层次的要点，并按照教材的思路，结合学生的认识规律，依次写在黑板上。

（2）表格式

这类板书是把教学内容所表述的事物，以及有关的概念等列成表格，具有整理、对称、均匀、清晰、明了的特点。这种板书设计，能够将教学内容复杂的文字形式变成简明的框架结构，从而有助于深化学生对教学内容的特征与本质的认识。

（3）图示式

图示式板书又可分为两类：一类是几何图形；另一类是画面图像。它们的共同特点都是以直观的图画代替抽象的文字。这种形式往往能够起到化难为易、事半功倍的效果。

（4）运算式

运算式板书是将推理过程用公式推导的方法展现出来。这类板书适合用于演绎推理的教学内容，逻辑性强，便于学生理解推理过程和思路，提高学生的演绎推理能力。

（5）综合式

综合式指在板书中综合运用多种呈现方法。这种板书生动活泼，具有视觉冲击力。事实上，在实际教学中，单一呈现方式的板书是很少运用的，一般采用两种呈现方式。

5. 应用要点

在板书技能的应用中，有一个重要问题需要特别加以厘清。这就是如何处理讲解、电子板书和传统板书的关系。从理论上弄清这个问题的本质，对于板书的技能应用，具有高屋建瓴的作用。

在本质上，讲解、电子板书和传统板书都是用来传递教学信息的。但由于各自不同的特点，三者在传递信息的效率与保留信息的时间上，具有明显不同。只有了解了三者不同的特点，才能正确地应用板书技能。

从传递教学信息效率的角度看，效率逐渐降低的顺序是：讲解→电子板书→传统板书。从保留教学信息时间的角度看，保留时间逐渐降低的顺序是：传统板书→电子板书→讲解。

具体而言，讲解的效率确实最高，但声音的特点是转瞬即逝。因此，学生不可能把教师讲的每一句话都记住，并把短时记忆都变成长时记忆。所以，要借助于电子板书来延长教学信息的保留时间，同时不使教学的效率降低过多。

然而，电子板书（PPT）终究要翻页，所以，电子板书保留教学信息的时间也是有限的。解决这个问题的办法是采用传统板书。传统板书的内容可以在一节课的时间里都保留，因此，传统板书保留教学信息的时间最长。但是，传统板书的教学效率却是最低的，因为写板书非常浪费时间。

当明白了讲解、电子板书和传统板书不同的特点之后，就可以根据三者特点的互补性，恰当地将三者结合起来，使课堂教学既能够有较高的效率，同时又有较长的教学信息保留时间。正是在这个意义上，传统板书的作用不可或缺。

6. 板书技能的评价内容与标准

表4-3　板书技能的评价内容与标准

评价内容	评价标准				
	优	良	及格	不及格	权重
1. 文图准确，有科学性					0.20
2. 层次分明，有条理性					0.15
3. 书写规范，有示范性					0.15
4. 重点突出，有计划性					0.20
5. 布局合理，有艺术性					0.15
6. 形式多样，有启发性					0.15

第三节　变化技能——风格之技

[导读]

列夫·达维多维奇·朗道

列夫·达维多维奇·朗道是一位才华横溢的物理学大师，被誉为全能物理学家。他以"朗道十诫"蜚声物理学界，并因对液氦超流性的研究获得诺贝尔物理学奖。与一般物理学家不同的是，朗道的研究领域几乎遍及整个物理学。他独特而敏锐的眼光，深刻而洞见的直觉以及高水平的物理品味，无不处处散发出卓尔不群的迷人芬芳。

朗道很早就认识到自己具有教学才能，这是因为他讲课非常吸引学生。他精练的措词、完美的想象和现实的内容，加上他对课程内容的深刻理解并能提出自己的见解，使学生大有收益。朗道讲课不仅具有独到之处，连着装也很特殊。他上第一堂课时，上穿蓝布夹克，下穿泥泞的卷腿亚麻布裤，赤脚着凉鞋走上讲台。即使在那个年代，朗道的着装也被视为是对社会风范的挑战。直到晚年，朗道仍然爱好特别着装，最常见的是脚踏凉鞋，身着花格子开领衬衫。仅仅是在某些特殊场合，为了合乎礼仪他才会变换一下着装，比如，在举行授予他诺贝尔物理学奖仪式的时候。

朗道的教学逐渐形成了独具特色的讨论班形式。讨论班通常每个星期四在物理问题研究所会议厅举行。出席讨论班要服从一条未成文的规定，这是每个人都要严格遵守的。对于朗道的学生来说，不论在研究所理论室工作或者在其他研究所工作，出席都是强制性的。

讨论班偶尔会进行原始论文的报告，但更为经常的是评述权威科学杂志上的文章。朗道喜爱属于物理学的一切东西，但他的研究兴趣又不局限于物理学的任何专门领域。因此，朗道喜欢浏览杂志，标出他觉得特别感兴趣的文章，挑选的论文几乎涉及所有领域，从固态物理到广义相对论等。然后他按字母顺序点名，逐一提问最近杂志的观点。

在讨论班作报告并不是一件简单的任务。不仅需要学生花费大量时间准备，而且要求学生拥有广阔的知识背景，并要在完全理解题目的基础上概括所挑选论文的内容。没有一个人可以因为题目陌生而辩护称没有研究需要报告的论文。朗道立足于理论物理的所有领域，要求他的学生和同事同样如此。

在报告过程中，朗道和助手们不停地提问，而且问题涉及各个角度，直至把文章讨论透彻。如果朗道认为某一问题学生应该答出来而未答出，或者报告本身逻辑含糊，拖拖拉拉，就会被朗道当场从讲台上赶下来，严厉训斥，并且以一个月不准作报告作为惩罚。尽管朗道的学生常常花费很多时间准备报告，但大部分学生都有被赶下台的经历。他们回忆说，开始作报告是一件极为困难的事情，过了一段时间才会逐渐适应，同时会感到朗道当时的批评和训斥是多么可贵。

在讨论的基础上，朗道对报告论文进行分类。如果朗道和助手们提的问题都被解决了，朗道就把这些文章归为一类，不再去关心它们；如果有问题没有解决，或者有很多新东西，朗道就把它们归为另一类，称为"黄金档案"，学生研究的课题就在"黄金档案"中选取。

朗道十分重视学术讨论和交流。朗道自己不喜欢阅读论文，他希望学生把论文看了以后给他讲，然后一起讨论，这是他培养学生的方法。朗道也非常喜欢讲课，他认为讲课是一种整理思路和进行交流的有效方式。朗道的很多成果就是在与学生交流中获得灵感的。朗道虽然严厉，但是他的办公室对任何人都开放，无论是不是他的学生，只要能引起他感兴趣的物理问题，都可以与他讨论。甚至在路上碰到他，也可以与他讨论。

卡拉尼科夫回忆道：一次他和阿布里科索夫到朗道办公室去问一个问题，朗道迅速被这个问题吸引住了，他一边听一边想，听完以后，他站起来，开始在黑板上写公式，写了一黑板，然后拍拍手上的粉笔灰，说："找个时间我们来整理一下。"卡拉尼科夫和阿布里科索夫惊呆了。朗道几乎在他们的眼皮底下就建立了一个理论——

CP 联合反演理论。

朗道从来不为学生做他认为学生应该自己做的事情。有时学生会在多次尝试都未解决问题之后请求朗道帮助，但他们往往会听到这样的回答："这是你的问题，为什么我必须替你做？"在朗道断然拒绝之后，显然就不可能再得到朗道的帮助；如果幸运，也会得到朗道的启发，问题也就会立即解决。通常朗道既不为学生提供问题，也不把学位论文题目提供给研究生，他要求研究生对自己的任务负责。朗道这样训练学生独立，就像未来的科学家那样教育他们。

虽然朗道经常批评别人，但朗道也作自我批评。例如，朗道对于巴丁所提出的关于超导研究的重要见解持有不同意见，并且在讨论班上明确表达了他的看法。但在巴丁与施里弗、库伯一起创立了超导理论之后，朗道改变了他的看法，并且承认巴丁具有高水平的科学研究能力。

朗道弟子众多，迄今已有 20 多人成为苏联(俄罗斯)科学院院士。这足以表明朗道教育方法的成功。朗道的学生回忆说，朗道培养学生唯一的遗憾就是，他没有培养出一个比他本人更伟大的物理学家。

对于朗道的评价，卡皮查的见解可谓精妙绝伦、盖棺论定："朗道在整个理论物理学领域中都做了工作，所有这些工作都可以用一个词来描述——卓越。他是简单化作风和民主作风、无限偏执和过分自信的奇妙混合体。"

（资料来源：《物理教学论》——朗道的物理思想　作者：邢红军）

1. 变化技能的概念

变化技能是指在课堂教学中，教师为了引起学生的注意、减轻学生的疲劳、激发学生的兴趣、启发学生的思维，用变换教学信息传递方式或教学活动形式来改变对学生的刺激的教学行为。

为什么课堂教学要强调变化技能？这与课堂教学的注意力分布

情况有关。

　　课堂教学的第一个 5 分钟是起时区。这个时区是角色进入时区。这 5 分钟教师要运用导入技能，促使学生的兴奋点从课间活动转移到课堂上来，引导学生把注意力集中到课堂教学内容上来，并且尽可能地缩短这一时区。

　　接下来的 15 分钟是第一黄金时区。此时学生的兴奋点已经转移到教学内容上。这一时区通常安排本节课的教学重点内容，通过课前的精心准备把学生的思维引入最佳境界，并尽可能延长这一兴奋时区。这一时区是教师运用讲解技能的大好时光！

　　接下来的 5 分钟学生往往开始进入心理过渡时区。学生的兴奋过程开始转为抑制过程，会出现一个疲劳波谷。它是学生体能消耗与恢复相互交替的正常心理现象。此时正是教师运用变化技能的最佳时机！教学中通过改变教学方式，变换教学媒体，使用幽默的教学语言等方式来过渡这 5 分钟。

　　接下来的 15 分钟是回归时区。经过 5 分钟的调适过渡，学生思维又开始活跃。此时老师应因势利导把本节课的教学再一次推向高潮。

　　最后 5 分钟是终极时区。这时学生又趋于疲劳状态，注意力渐次分散，学习状态进入尾声。此时教师应当运用结束技能，总结新课，圆满完成任务。

2. 变化技能的构成要素

（1）变化教态

　　教师在课堂上的整个形象被称为"教态"，包括教师的仪容、神色、表情、目光、手势、言谈、举止，还包括教师的风度、气质、修养。它是教师的外部形象和内在素养的综合反映。教态的变化主要是指教师的面部表情、头部动作、手势动作和身体位置等的变化。这些变化是教师教学热情及感染力的具体体现。教态变化不需要借助其他工具就可以实现，因此是最基本、最常用的变化技能。

演员出身的美国第四十任总统里根，拥有高超的表演技巧。每次演讲，他都能充分运用目光语。有时像聚光灯，把目光聚集到全场的某一点上；有时则像探照灯，目光扫遍全场。因此，有人评价他的目光语是"一台征服一切的戏。"

① 面部语

教师在教学中的面部语一般分为两种：常规的面部语和变化的面部语。

常规的面部语是指面部表情和蔼、亲切、热情、开朗。教师从日常与学生见面说话到正式课堂教学，都要保持这一基本的面部表情。

变化的面部语即随教学内容和教学情境而变化的面部语。期待，神秘，严肃，共鸣，嘉许，感叹，失望……一旦引起变化的发生源改变，面部语就应当恢复到原来的和蔼、亲切的常规面部语状态。

② 眉目语

a. 专注

专注是指用目光注视学生并与学生交流情感。如赞许、鼓励、尊重、信任、怀疑、否定、兴奋、制止等。

教师与学生目光接触可以控制教学节奏、进程，提高教学的效率。没有经验的老师在课堂上常看天花板、教室窗户、墙壁等，这是需要改正的不良习惯。

b. 环顾

教师的目光扫视全班同学称为环顾。环顾象征教师对学生的普遍关心，表明教师在照顾着正在听课的同学。环顾不是眼睛乱动，而是视线要有规律地运动。比如视线从教室前面向教室后面运动，或者视线从教室左边向教室右边运动。

c.虚视

教师的目光在教室不断扫视，好像是看着每个学生的面孔，实际上谁也没看，只是为了造成教师与学生之间的一种交流感，弥补因为环视和点视而可能使部分学生感觉受冷落的缺陷。

③ 身姿语

身姿语指人的躯干发出某种信息的姿态。包括：

站立姿势——稳健、挺拔，站有站相，身板要挺直，两肩要平；

走的姿势——走动不可或缺。走动不能太快，太快了令人感到紧张、慌乱；也不能太慢，太慢了步履蹒跚，让人着急。

要有适当的频率，不走动不行，但走动频率太高，像走马灯一样会令学生应接不暇。所以必须根据教学的需要来走动。在桑德尔教授的教学视频中，他的走动可以被看作标准的范例。

④ 手势语

手势语分为四类：

一是象征性手势，可以直接表示抽象的概念，一般都有相应的语言意义，如扳大拇指。

二是说明性手势，可以增加语言信息的内容，对语言起解释作用，如扳手指头。

三是协调性手势，如欢呼时举手，怒斥对方时手指对方等。

四是补充性手势，如描绘图象走向的手势。

手势语的要求：自然、适当、真挚、优美。

（2）变化言语

变化言语主要指有声语言的形式要素方面（音调、节奏、语速、停顿等）的变化。教师声音的音调、节奏、音量、语速、停顿变化均能充分表达出教学内容所蕴含的感情，使教学变得生气勃勃，趣味盎然，从而成为引起学生注意的有效教学方式。

教师的音调应随不同的讲授内容而有所变化，或轻柔舒缓、娓娓而谈，如行云流水；或高亢嘹亮，滔滔不绝，像飞流直下。语调高低，因人而异，因情而变，不一而足。

节奏的变化是以声音的轻重、快慢、停顿等表现为主，内容风格及表现手法为辅的一种综合性、有规律、有秩序的口语表达形态的变化。一般而言，高亢铿锵的语调催人奋发。快捷的节奏，常表现人的激越、兴奋、紧张；而低沉舒缓的节奏，则表现出恬淡、庄重或深沉。

讲课的速度变化也是构成教态变化的一个因素。当教师从一种讲课语速变化到另一种语速时，学生已经分散的注意会重新集中起来。在讲解或叙述中适当加大音量、放慢语速可以起到突出重点的作用。

停顿在特定的条件和环境下也传递着一定信息，也是引起注意的一种有效方式。在讲述一个事实或概念之前作一个短暂的停顿，能够有效地引起学生的注意。在讲解中插入停顿，也可以起到同样的作用。

（3）教学媒体变化

在教学中，基本的教学媒体是教师言语声音的媒体，在此基础上使用其他形式的教学媒体就构成了教学媒体的变化。教学媒体变化的设计，包括媒体选择、运用的时机以及控制三方面。

教学中长时间使用一种教学媒体，容易造成学生注意力分散并产生疲劳，因此，教师应根据教学需要，适当变换教学媒体。比如，可以交替使用直观教具、板书、投影、视频等。即使是使用同一种教学媒体，也可以通过转换其功能、对学生提出不同要求等稍作变化。

（4）师生相互作用形式变化

在课堂教学中，师生相互作用的形式有：教师与全体学生（教师讲学生听），教师与个别学生（教师提问）、学生与学生（学生与学生讨论）、学生与教学媒体（学生观看教学媒体）。

以学生与学生（学生与学生讨论）相互作用为例，教师需要提供让学生深入思考的问题。比如，网上有网友发的这样一个帖子，可以让学生与学生讨论怎样看待这个问题？

有一位网友统计了汪峰老师在大陆发行的9张专辑共117首歌曲的歌词，同一个词语在一首歌出现只算一次。形容词、名词和动词的前十名分别是（词语后面的数字为出现的次数）：

表 4-4　汪峰歌曲歌词统计表

	形 容 词		名 词		动 词
0	孤独：34	0	生命：50	0	爱：54
1	自由：17	1	路：37	1	碎：37
2	迷惘：16	2	夜：29	2	哭：35
3	坚强：13	3	天空：24	3	死：27
4	绝望：8	4	孩子：23	4	飞：26
5	青春：7	5	雨：21	5	梦想：14
6	迷茫：6	6	石头：9	6	祈祷：10
7	光明：6	7	鸟：9	7	离去：10
8	理想：6	8	瞬间：8	8	再见：9
9	荒谬：5	9	桥：5	9	埋：6

如果我们随便写一串数字，然后按数位，依次在形容词、名词和动词中取出个词，连在一起会怎样呢？

比如圆周率3.1415926，对应的词语就是：坚强、路、飞、自由、雨、埋、迷惘。

稍微链接和润色一下：

坚强的孩子，

依然前行在路上，

张开翅膀飞向自由，

让雨水埋葬他的迷惘。

再来一个，

2013 对应的词语就是：迷惘、生命、碎、坚强。

润色一下：

不再迷惘的生命，

被燃碎了千万次，

也依然坚强。

再来一个，

比如某人的生日 19820307：自由、桥、再见、迷惘、生命、死、孤独、鸟。

润色一下：

站在通向自由的桥上，

再见了，迷惘的生命，

犹如死亡般的孤独，

将不再桎梏这只小鸟。

有没有汪老师的感觉？找个数字试一试。

下面是网友作品：

1976：自由、桥、离去、迷茫——雾气笼罩的清晨，我迷茫地在桥上奔跑，追逐属于我的自由。

1978：自由、桥、离去、理想——理想已经渐渐远去，我们站在桥上，望着不知流向何方的江水，追忆那些自由自在的时光。

20131115：迷惘、生命、破碎、坚强、路、碎、自由、雨——迷惘的生命早已破碎，不再坚强，孤身上路，粉身碎骨又何妨，为了重获自由，哪怕雨水汇聚成汪洋。

594250：青春、桥、飞、迷惘、雨、爱——我把青春留在断桥边上，泪水却飞不过金山寺的高墙，千年道行看不破尘世迷惘，雨水浸透雷峰塔爱已成伤。

——《法海》

（资料来源：凤凰网娱乐综合　责任编辑：王欣然）

　　师生相互作用形式变化还包括教学过程节奏流程的设计。所谓教学过程的节奏流程设计，是对教学过程中的非智力情感因素进行设计，追求非智力因素的情感效果，促进教学中的认知因素的发展，最终达到学生的全面发展。

　　在教学过程中随着认知因素的发展，师生的情感也应是波澜起伏的，有过渡、有积聚、有高潮，既有使学生激动兴奋之处，也有使学生平静之处，是动与静的有机交替。造成教学平铺直叙、平淡无味的很重要的原因是教师在备课时只考虑了认知因素，而没有考虑情感因素。

　　教师在教学中怎样体现非智力因素的情感效果？请看下面这篇2017年度最佳微小说，就不难理解了。

轮　回

　　多年前，每到清晨，她要送他去幼儿园前，他总是哭着对她恳求："妈妈，我在家听话，我不惹你生气，求你别送我去幼儿园，我想和你在一起。"急匆匆忙着要上班的她，好像没听见似的，从不理会他在说什么。

　　他也知道妈妈不会答应他，因而每天都是噘着嘴边哭喊着"我不要去幼儿园……"边乖乖地跟在她身后下楼。

多年后,她年岁渐老,且患上老年痴呆症。他在为生计奔波打拼,没时间照顾她,更不放心让她一个人待在家里。思虑再三,他想到了一个地方。

在作出抉择的前夜,望着他进进出出,欲言又止的样子,她的神志似乎清醒了许多:"儿啊,妈不惹你生气,妈不要你照顾,不要送妈去养老院,我想和你在一起……"哀求的声音像是从遥远的地方传来,变得越来越弱,最后便成了哽咽。

他沉默了又沉默,反复寻找说服她的理由。最终,俩人的身影还是出现在了市郊那座养老院里。

在办完手续,做了交接后,他对她说:"妈,我……我要走了!"

她微微点头,张着没有牙的嘴嗫嚅着:"儿啊,记住早点来接我啊……"

那一霎,他霍然记起,当年在幼儿园门口,自己也是这样含泪乞求:"妈妈,记住早点来接我啊……"此刻,泪眼婆娑的他,别有一番滋味涌上心头。

(资料来源:《小小说选刊》 文:薛培政)

读毕,确实是别有一番滋味在心头!

教学过程的节奏流程可概括为抑扬顿挫四个意境。

抑扬顿挫是我们每一个人都烂熟于心的词汇,但真正理解其真实含义的人并不多。严格说来,抑表示和风细雨,娓娓动听;扬表示铿锵有力;顿表示戛然而止,造成悬念;挫表示转折、转化,从而达到新的意境。

3. 变化技能的应用原则

(1)及时性原则

（2）有效性原则

（3）科学性原则

（4）面向大多数学生的原则

4. 变化技能的评价内容与标准

表 4-5　变化技能的评价内容与标准

评价内容	评价标准				
	优	良	及格	不及格	权重
1. 音量、音调富有变化					0.10
2. 语速合适，有轻重缓急					0.10
3. 语言强调恰如其分					0.10
4. 面部表情自然，变化恰当					0.10
5. 手势、头部动作变化合适					0.10
6. 目光有接触，适当					0.10
7. 身体位移适当					0.10
8. 合理利用视觉媒体，有变化					0.10
9. 学生动手操作活动适度					0.10
10. 师生交互作用明显					0.10

第四节　强化技能——巩固之技

[导读]

邢红军老师的大学教学技能课

我即将步入而立之年，刚刚告别学生时代，在漫长的求学道路上结识了不少老师。这些老师可以说是风格迥异，各具特色。而今自己也即将站在讲台上成为一名教师。在来听大学教学技能这门课之前，我多少是有些抵触的。视频放到网上不就好了吗？宝贵的周末休息时间用来听这看似和我关系不大的非专业课，心里实在是有些不情愿的。总觉得老师有什么难当的，不就是说话嘛，把相关知识讲出来就是了。然而，前后听了邢红军老师三天的培训课之后，厌烦情绪一扫而空，反而多了份感悟与思考，在此略作说明以为纪念。

大学教学技能这门课，在当今中国的教育体系中占有十分重要的地位。千百年来，我们的文化中突出体现的更多的是如何为人师表，对教师这一职业强调的更多的是师德，反而忽略了它的基本职业技能，这才导致了如今大师难觅的尴尬局面。

我对这门课的体会是：通过教学体现知识内涵仅仅是教学的基本要求，体现思维训练和情感教育才是教学的目的和本真，而教学创新才是一名优秀教师的水平体现。学生时代我们经常评价老师，认为一个好老师的标准是把难的东西讲的很容易，把复杂的东西讲的很简单，而实际做起来又谈何容易。所教内容能让学生听得懂，教师的讲话技巧显得尤为重要；能使学生愿意听，与学生的情感交流必不可少，要了解学生的心理，必要时运用心理暗示的方式，使学生对所学课程乐于接近，走进来。我认为，要让学生喜欢某一门课，需要首先让学生喜欢讲授该门课的老师。回忆过往的数百位老师，能够记得住的必定是人格魅力了得的。反过来谈教学效果，记住了老师，他所教的课我们才会印象深刻。

"填鸭式"的教学最让学生厌恶。作为一名在医学院混迹了十年的学生，我经受了太多这样的教学。教学要讲究逻辑，正如我们不喜欢在黑暗中摸索，而喜欢从高山上远眺。作为教师的授课对象——学生，也喜欢睁开眼睛跟着老师的思路走。通过一张流程图，告诉学生本节课要讲授的内容，让学生参与到教学中来，随时知道自己在哪里和将往哪里去。因此，从这个层面来讲，教师就是一个导游，学生才是课堂的主人。我们不喜欢偏离路线，也不喜欢拖泥带水，更不喜欢喧宾夺主。可惜现实如此，身为学生只得逆来顺受。通过大学教学技能这门课，我想，假如今后有机会站在讲台之上，我一定会想起今日学到的这些教学中应该注意的细节与要点。

就讲授这门课的老师而言，老邢无疑是成功的。这里称呼他老邢很符合他的风格。老邢的课是轻松的，能把这门略显枯燥的课讲得轻松幽默是很需要功力的。但老邢却是驾轻就熟，也许他的境界早已脱离了教学内容本身，达到了一张一弛收放自如的程度。然而，在轻松幽默之余，可以看出老邢在整个过程中时刻注意着自身的教学技能。他向我们展示了教学技能所包括的方方面面，从着装、动作、语言、技巧等都是标准的范例，这些都是他的课能够吸引住我的原因。虽然只有三面之缘，但老邢的确给我留下了很深的印象。在我眼里，老邢是骄傲的，他是这个国家少有的懂得该如何教书的人，他理应骄傲；老邢是幸福的，在课上他总与大家分享他与儿子、与太太的点滴过往，与教学融为一体；老邢又是有些无奈的，在他授课的字里行间，可以听得出他对教育现实的不满与无奈，他无力改变现实，犹如孤独求败一般期盼着高手的出现，但我想这也许正是他在这条路上坚持下去的原因。倘若有一天你我周围涌现出一批又一批"技艺高超"的老师，我想那时老邢也会欣慰地退出江湖了吧。

寥寥几笔纪念短暂而充实的大学教学技能课，很幸运可以有这样一番别样的经历。我祝愿大学教学技能课越办越好，为社会培养出更多老邢一样的大家。也祝愿老邢在大学教学技能领域继续前进，取得更大的成功。

（作者系北京市教委高师培训中心岗前培训第 691 期学员、北京天坛医院神经外科吴量博士）

1. 强化技能的概念

强化技能是教师依据"操作条件反射"的教育心理学原理，对学生的反应采取各种肯定或奖励的方式，使教学材料的刺激与希望的学生反应之间建立稳固联系，帮助学生形成正确的行为，促进学生思维发展的一类教学行为。

强化理论是美国心理学家和行为科学家斯金纳（Burrhus Frederic Skinner）等人提出的一种理论，也叫操作条件反射理论、行为修正理论。

斯金纳认为人是没有尊严和自由的，人们作出某种行为，不作出某种行为，只取决于一个影响因素，那就是行为的后果。他提出了一种"操作条件反射"理论，认为人或动物为了达到某种目的，会采取一定的行为作用于环境。当这种行为的后果对他有利时，这种行为就会在以后重复出现；不利时，这种行为就减弱或消失。人们可以用这种正强化或负强化的办法来影响行为的后果，从而修正其行为。

斯金纳区分了两种强化类型：正强化（positive reinforcement，又称积极强化）和负强化（negative reinforcement，又称消极强化）。当在环境中增加某种刺激，有机体反应概率增加，这种刺激就是正强化。当某种刺激在有机体环境中消失时，反应概率增加，这种刺激便是负强化，是有机体力图避开的那种刺激。

强化的具体方式有以下四种：

（1）正强化。就是奖励那些符合教学目标的行为，以便使这些行为得以进一步的加强、重复出现。

（2）惩罚。当学生出现一些不符合教学目标的行为时，采取惩罚的办法，可以约束这些行为少发生或不再发生。惩罚的目的是力图使所不希望的行为逐渐削弱，甚至完全消失。

（3）负强化，负强化强调的是一种事前的规避。俗语"杀鸡儆猴"，形象说明了负强化的特点。对出现了违规行为的"鸡"加以惩罚，意欲违规的"猴"会从中深刻地意识到教学规定的存在，从而加强对自己行为的约束。

（4）忽视，就是对已出现的不符合要求的行为进行"冷处理"，达到"无为而治"的效果。

2. 强化技能的目的

（1）提高注意。

（2）激发动机。

（3）促进参与。

（4）增强信心。

3. 强化技能的功能

在教学中正确应用强化技能可发挥以下教育教学功能：

① 促使学生在教学过程中将注意力集中到教学活动上，防止和减少非教学因素的刺激所产生的干扰；

② 承认学生的努力和成绩，促进学生将正确的反应行为巩固下来，使学生的努力在心理上得到适当的满足；

③ 在学生的尝试性认识活动中，通过指引学生寻找依据和提供线索，促进学生的内部强化，发展思维能力；

④ 帮助学生在课堂上采取适当的行为方式。

4. 强化技能的构成要素

强化技能主要由以下一些教学行为要素构成。

（1）准确判断

准确判断学生的反应和教学目的之间的联系，是强化的先决条件。

要做到这一点，教师首先要准确理解学生反应的真实意义。其次，教师要善于发现学生的每一个闪光点进行正面强化。在这方面，中国教师应该多向美国教师学习。美国教师的一个最大特点，就是善于表扬学生。而中国教师由于民族的内敛性格，大部分教师不能像美国教师那样夸张地表扬学生，从而使强化的效果大打折扣。最后，教师对学生的反应进行强化时，不应局限在自己事先想好的范围内，而应该及时对超出自己预先准备答案之外的观点进行准确判断，发现学生新观点中有价值的东西进行强化。如果对学生的新观点一时不能作出准确的判断，也不要作武断的评论，应该给学生提供能充分表达自己想法的机会。在有些情况下，如果学生新观点的意图一时不能被教师所理解，而由于时间关系又不允许学生花过多的时间来阐述，教师可以与学生商讨课下个别讨论，并在下一次课上给出讨论结果。

（2）意图明确

教师在对学生的反应或活动进行强化时，一定要使学生知道强化的是学生的哪些特殊行为，从而保证教师的强化意图被学生正确理解。

这是因为，简单笼统的肯定或否定，使学生不能区分自己的反应和活动中哪些是正确的，哪些是多余的，哪些是错误的。在学生的反应中包含多种成分时，教师应首先说明反应中各成分的性质，然后分别给予不同的强化。

除此之外，教师还要说明强化的原因，使学生明确为什么要受到奖赏和鼓励。俗话说，无功不受禄。

特别要注意的是，强化绝不仅仅是面向个别学生的，而是面向全体学生的，这是由教育的宗旨所决定。通过强化，使全班学生都得到启示，得到发展，这才是强化的目的。

（3）适时反馈

在对学生的反应进行强化的时机方面，教师应根据具体情况采取及时强化或滞后强化。

在课堂教学中的感性认识阶段，通常会有一些短小的问题，例如全班学生的应答。这时教师对学生反应的强化也应该是短小的、简单明确的，而且是及时的反应。

而对于一些比较抽象的问题或开放性的问题，则应采取滞后强化的方法。因为这些问题需要有充分的依据和合理的推测，应待学生充分反应后再进行强化。

（4）正强化

正强化比负强化更有效。负强化及惩罚可能引起一定的副作用，并且仅仅是一种治标的方法，它对学生和教师都是不利的。所以，在强化手段的运用上，应以正强化为主；同时，必要时也要对坏的行为给以惩罚，做到奖惩结合。

（5）负强化

负强化就是对学生不符合要求的反应进行否定、批评或惩罚。表示否定的态度应注意委婉，以保护学生参与反应的积极性。在课堂教学中，对批评和惩罚，教师应采取非常慎重的态度。对于不遵守课堂纪律、不认真听讲、不认真完成课堂作业等现象，应采取负强化的方法加以阻止或限制，但也应注意方式方法。

5. 强化技能的类型

（1）语言的强化

教师用语言评论的方式，对学生的反应或操作活动表示自己的判断和态度，或提供线索引导学生将他们的理解从客观实际中得到证实或证伪。比如下面一个例子。

猫俯身伸舌头喝水时，为什么从来不会弄湿下巴的毛？

美国普林斯顿大学、麻省理工学院、弗吉尼亚理工学院合作一项计划，研究了三年半。研究什么？研究猫俯身伸舌头喝碟子上的牛奶时，为什么从来不会弄湿下巴的毛？三家大学的流体力学家和数学家，在想这个问题。

原来早在 1941 年，美国的科学家就发现猫喝奶时，伸出的舌头，像一个反转过来的字母 J。也就是说：舌尖向下卷，把奶很快捞进嘴巴。

观察！

自从发明了高速电子摄影，发现猫喝奶的技巧复杂而精致。猫的舌尖很巧妙地只触及奶的表面，像龙卷风一样，先把奶液向下推，利用地心吸力的反作用力，把奶液像真空管一样吸起来成一个圆筒形，电光石火之间，送进口腔。猫舌与奶汁几乎不沾边。每秒钟，猫的舌头可高速快舔 4 次，每次喝进 0.1 毫升。

定量！

科学家把猫喝奶的纪录片每格细看，看了三年半，终于算出了猫舌出击的速度，和每次猫卷舌头的频率之间的一条方程式。

建模！

再计算猫舌的大小面积，加进去，就算出了一个叫"佛罗德函数"的新东西——每一只猫，每伸一次舌头，舔进多少奶，与猫舌面积和伸缩速度的关系，物理学家在前看片、记录，数学家压阵分析数据，算出了一条天衣无缝的流体力学新公式。

合作！

为什么有此发现？全因为一个叫史托克的流体力学家，在家里的厨房喂他的宠物猫吃奶，一面抚摸着它、欣赏它的美态，忽然想起研究猫喝奶的学问，像牛顿头上掉下了一只苹果，无意中发现了一项神迹。

兴趣！

这是一项研究，也是一股激情，来自对生命的好奇和热爱，对动物的欣赏和呵护，由爱心开始，由敏锐的触觉到冷静的深思，成就了西方文明。

好奇！

这样的研究，中国人觉得无聊——猫喝牛奶，有什么好看？许多父母叫小孩立志做航天员，当总统，喜欢大堆头，不爱在小事上钻研下功夫。猫喝牛奶，西方的学者研究出大学问来，后面有一股动力——最好的教育，是培养一颗仁心。

仁心！

（资料来源：《读者》 作者：陶杰）

在上面这段故事里，教师的语言强化就是如下内容：观察！→定量！→建模！→合作！→兴趣！→好奇！→仁心！

（2）动作的强化

教师用非语言的身体动作或面部表情，对学生在课堂活动中的表现，表示自己的态度和情感。如：

微笑：对学生的表现表示赞许和欣赏；

点头或摇头：对学生的表现表示肯定和否定；

鼓掌：表示强烈的鼓励和赞同；

接近：教师走到学生中间，倾听学生的发言、观看学生的活动等，表示关注和兴趣；

接触：像拍肩膀等，对学生能起到鼓励的作用。但要注意，男教师不能拍女学生的肩膀，女教师不能拍男学生的肩膀。

动作强化往往在学生的反应过程中或活动中使用，以实现师生情感的及时交流，又不打断学生的反应和操作活动。动作强化更适于表达态度和情感，但不太适于表达强烈的具体意图。

（3）标志强化

标志强化是指教师对学生的成绩采用各种象征性的奖赏物，以表示鼓励和肯定。例如，在学生的作业上加上表扬性的评语、盖象征奖赏的印章图案、制作全班学生的进步图表等。标志性强化对大学新生起的作用较大。对于大学高年级学生，评语和竞赛奖状还是起作用的。

（4）活动强化

教师对在教学活动中有贡献的学生，安排一些特殊的活动来进行奖励。例如，在学生分组讨论中，让讨论情况较好的小组在全班汇报；或在分组实验中，让实验做得好的小组在全班介绍他们的方法；在课堂练习中，对完成得又快又好的学生安排其他的活动，如提前放学等。

6. 强化技能的应用原则

（1）应以正强化方式为主。在教学中设置鼓舞人心的教学目标，是一种正强化方法，但要注意将班级的整体目标和个人目标、最终目标和阶段目标相结合，并对在完成个人目标或阶段目标中作出明显绩效或贡献者，给予及时的物质和精神奖励（强化物），以求充分发挥强化作用。

（2）采用负强化（尤其是惩罚）手段要慎重。负强化应用得当会促进强化效果，应用不当则会带来一些消极影响，可能使学生由于不愉快的感受而出现悲观、恐惧等心理反应，甚至发生对抗性消极行为。因此，教师在运用负强化时，应尊重事实，讲究方式方法，处罚依据准确公正，这样可尽量消除其副作用。将负强化与正强化结合应用一般能取得更好的效果。

我在担任北京市教委高师培训中心"大学教学技能"主讲教师期间，曾经采用过一次负强化方式。

某一期的第一次上课，在300多人阶梯教室的左边一列靠近前1/3处，隐约听见有两位听课的老师在说话。声音不大，隐隐约约，时有时无。虽然稍微有些影响我的教学，但影响不大。我以为她们可能说一会儿就会停下来，就没有制止她们。考虑到采用负强化（尤其是惩罚）手段要慎重，我也一直没有批评她们俩。这种情况一直到下午下课。我心想，下周上课她们俩不坐在一起就没有事了。

转眼间就到了第二周的上课时间。上课伊始，还是在原来的位置，又传来了时隐时现的说话声。此时，仍然是考虑到采用负强化（尤其是惩罚）手段要慎重，我没有直接点她们俩的名字，而是停下来，委婉地说了一番话。大意是大家来学习不容易，老师上课也不容易，希望同学们上课不要说话。说完这番话有些作用，但说话声还是时有时无，只是声音小了一些。考虑到来听课的老师都是成人，直到下课，我都没有再批评她们俩，寄希望第三周上课她们俩不坐在一起。

第三周上课时间如期而至。刚讲了 5 分钟，说话声也如约而至。事不过三。我立即暂停讲课，直接用手指向那两位女老师所在处，大声批评她们俩。我说，从第一天上课，你们俩就一直在说话。我完全可以让高师中心的老师查查你们俩是哪所大学的，通知你们的系主任把你们领走，这有意思吗？你们俩的说话声，就像两只采花的小蜜蜂在空中飞舞的声音，让我不能集中精力讲课。全班学生哄堂大笑。此时，两位女老师把头埋在课桌上，一言不发。我接下来说，这个事到此为止。

课间休息的时候，两位女老师来到讲台前，诚恳地向我道歉，并递上了一张检讨书。解释原因，是因为两个人是大学同学，多年没有见面了，所以有说不完的话。我告诉她们，你们同学相见固然美好，但这里是课堂，不是同学聚会。检讨书我不要，你们今后引以为戒。

两位女老师闻言如释重负，欢喜而去。

一场教学风波烟消云散！

（3）注意强化的时效性。采用强化的时间对于强化的效果有较大的影响。一般而论，强化应及时。及时强化可提高强化的效果，但须注意及时强化并不意味着随时都要进行强化。不定期的非预料的间断性强化，往往可能取得更好的效果。

（4）因人制宜，采用不同的强化方式。由于学生的个性特征不尽相同，不同的强化机制和强化物所产生的效应会因人而异。因此，在运用强化手段时，应采用有效的强化方式，并随学生和教学内容的变化而相应调整。

（5）利用信息反馈增强强化效果。信息反馈是强化学生学习行为的一种重要手段，尤其是在针对教学目标进行强化时，定期反馈可使学生了解自己的学习状况及学习结果，既可使学生得到鼓励，增强信心，又有利于及时发现学习中存在的问题。

7. 强化技能的评价内容与标准

表 4-6　强化技能的评价内容与标准

评 价 内 容	评 价 标 准				
	优	良	及格	不及格	权重
1. 能随时注意获得教学反馈信息					0.10
2. 能通过多种方式获得反馈信息					0.10
3. 能利用反馈信息调节教学活动					0.12
4. 对学生的反应能及时给予强化					0.10
5. 给学生的强化反馈明确、具体					0.12
6. 强化方法符合学生的表现					0.08
7. 鼓励较差学生的微小进步					0.10
8. 内部强化为主，促进主动学习					0.08
9. 正面强化为主，少用惩罚方法					0.12
10. 强化方法适应学生的年龄特征					0.08

第五节　互动技能——沟通之技

[导读]

大学好的老师——孙正聿教授在西安电子科技大学的演讲

图 4-8　孙正聿教授

有人常问我，什么叫好老师，什么叫坏老师？我说别用好和坏，用好和差还是可以的。好老师和差老师的区别就在于，好老师讲究两个字，差老师则多了一个字。好老师讲究的两个字是"讲理"，差老师多了个字就是"不"讲理。

作为学生也好，作为老师也好，最真实的体会就是一个好老师，他能够滔滔不绝地、由浅入深地给你讲道理。为什么那位中学的代数老师给我印象最深呢？就是因为他给我解代数题的时候，能够一下子把道理讲清楚，我可以通过他解的一道题，解其他类似的各种代数题。而对于文科教育来说，道理更是如此。很多时候，书上写条条，老师讲条条，学生背条条，考试答条条，阅卷找条条，老师自己从来没有把道理搞清楚，所以他只能是以"不讲理"的方式给人家讲理。

那么，真正做到讲理的前提是什么呢？就是有理，有理才能讲理。

真正做到有理，是一件极其艰难的事情。理论是规范人们思想和行为的概念系统。正因为这样，任何一种理论，无论文史哲、政经法还是数理化、天地生（天文、地理、生物），都具有四种特性：

一是向上的兼容性。可以称之为理论的东西都是人类文明史的总结、积淀和升华，这是最根本的。我写过一篇文章，题目叫作《哲学就是哲学史》。哲学是历史性的思想，而哲学史是思想性的历史，离开思想性的历史就没有历史性的思想。列宁曾经说："不钻研和不理解黑格尔的全部《逻辑学》，就不能完全理解马克思的《资本论》。"如果你没有研究过康德、黑格尔，就不可能说明白马克思；你说不明白马克思，所以学生就认为马克思不需要学。这就像《红楼梦》里面说的："假作真时真亦假。"如果你研究明白了马克思，我想学生最愿意听的课就是关于马克思的课，因为马克思曾经被评为千年来最伟大思想家的首位。如果大家读一下马克思的书，哪怕你读懂了一点，你就感到今日之我已不是昨日之我了。

二是时代的容涵性。任何重大的现实问题，都深层次蕴含着重大的理论问题。我们现在要解决两极分化的问题，要解决反腐倡廉的问题，它必然从理论上凸显什么叫正义、什么叫公平。同样地，任何重大的理论问题都源于重大的现实问题，你看起来离现实问题最远的所有形而上的问题，仍然是源于现实问题。当代人类在现代化进程中面对的最严峻问题是精神家园的失落，我们不知道如何规范自己了，我们用欲望代替了自己的需求，所以才构成了对现代化的反思。你看这是说理论问题，却是源于我们今天人类面对的最严峻的现实问题。我们看现实问题的时候，必须透视它所蕴含的重大的理论问题。这就要求教师以理论的方式去把握现实。

三是逻辑的展开性。马克思有一句名言："理论只要说服人，就能掌握群众；而理论只要彻底，就能说服人。"马克思在讨论别人对

《资本论》评论时说，尽管《资本论》存在这样或那样的缺陷和毛病，但是《资本论》作为一个完整的艺术品，他是引为自豪的。读一读《资本论》，你会被《资本论》的逻辑之美所征服。理论是逻辑化、系统化的概念体系，它是通过逻辑力量"以理服人"的。

四是思想的开放性。最重要的思维是一种批判的、反思的思维。恩格斯说什么叫哲学？哲学就是一种建立在通晓思维的历史和成就基础上的理论思维，学哲学就是为了提升我们的理论思维能力。列宁指出，马克思主义绝不是离开人类文明发展大道的宗派主义，而是批判地继承了人类文明的全部遗产。历史在发展，文明在进步，理论、思想永远是与时俱进的。

大学的好老师需要基于研究，有理讲理，我把它概括为四个"真"字和三个积累。四个"真"字是：真诚，抑制不住的渴望；真实，滴水穿石的积累；真切，举重若轻的洞见；真理，剥茧抽丝的论证。对于好老师而言，这四者不可或缺：没有真诚的态度，什么都谈不到；没有真实的研究，什么也没有；没有真切的洞见，什么也认识不到。大学老师就是要讲学生没有想到的问题，去讲学生没有发现的问题，要启迪、引导使学生感到震撼。

在四个"真"字中，我特别强调"真实"，滴水穿石的积累。一个搞文科的人必须有三个积累：一是文献积累，得道于心；二是思想积累，发明于心；三是生活积累，活化于心。这三个积累不可或缺，缺一个积累，你就不可能成为一个很好的人文社会科学的研究者，不能成为一个人文社会科学的好老师。

在讲演即将结束时，送给大家几句话。第一句，忙别人之所闲，闲别人之所忙，把时间和精力用到学习、研究和教学上去。第二句，平常心而异常思，美其道而慎其行。老师就是美自己的道理，同时还应该提出另一方面的要求，做个言行一致的人。第三句，对我来说，感到最幸福的事情，就是乐于每日学习，志在终生探索。只有能够乐于每日学习，并且能够志于终生探索，我们才能够做到有理讲理，才能成为大学的好老师。

（资料来源：《解放日报》2016.03.29. 第 11 版　责任编辑：付一枫）

思想者小传

孙正聿　吉林省吉林市人，哲学博士。全国政协委员，教育部人文社会科学重点科研基地吉林大学哲学基础理论研究中心主任，吉林大学哲学社会科学资深教授。国家哲学社会科学专家咨询委员会委员，教育部社会科学委员会委员，教育部学风建设委员会副主任委员，吉林省社科联副主席。2000 年被国务院授予全国先进工作者称号，2003 年获首届国家级教学名师奖。主要研究马克思主义哲学和哲学基础理论。2015 年 1 月 23 日中共中央政治局就辩证唯物主义基本原理和方法论进行第二十次集体学习，孙正聿担任授课专家。

1. 互动技能的概念

互动技能指教师通过情境塑造，借助表达关怀、激励学生、监控、提问、组织互动等方式，帮助学生理解所学知识的教学技能。

2. 互动技能的理论渊源

从心理学的角度看，相互作用心理学可以为互动技能提供一定程度上的理论解释。

20 世纪 70 年代中期以来，心理学研究中逐渐形成了一种较新的思路，即相互作用心理学，其基本思想，集中于行为发生过程中人与环境的多向性交互作用。并且认为，在这种交互作用中，人和情境是相互依存而非单方面所决定。

相互作用心理学的基本观点有以下四个方面：

（1）个体的行为是他们与所处情境之间多方向的连续的交互作用的结果；

（2）个体在这一交互作用过程中是有意识的和主动的；

（3）在交互作用的人的方面，认知和动机因素是行为的基本决定因素；

（4）在交互作用的情境方面，情境对于个体所包含的心理学意义是重要的决定因素。

从建构主义理论角度看，学习的社会互动性可以为互动技能提供一定程度上的理论解释。

建构主义认为，学习是通过对某种社会文化的参与而内化相关的知识和技能的过程。这一过程常常需要通过一个学习共同体的合作互动来完成。所谓学习共同体，即由学习者及其助学者（包括教师、专家、辅导者等）共同构成的团体，他们彼此之间经常在学习过程中进行沟通交流，分享各种学习资源，沟通完成一定的学习任务，因而在成员之间形成了相互影响、相互促进的人际关系，形成了一定的规范和文化。学习共同体内部所形成的学习文化是最具实质意义的要素。学习共同体具有以下关键特征：

（1）强调成员所具有的多元化的知识技能优势；

（2）围绕共同关注的问题推动集体性知识的持续发展；

（3）强调共享，包括知识技能、学习资源，强调学习过程的透明化；

（4）教师作为组织者、促进者，其核心责任是设计和组织学习活动。

从教学主客体关系的角度看，基于协同学的教学过程理论也可以为互动技能提供一定程度上的理论解释。

在我国，从总体看，教学主客体关系的研究在不断向前发展。然而，现实中不少研究者对教学主客体关系的意义和复杂性缺乏真正的理解。很多人没有真正认识到，如何科学有效地、在智力和文化的意义上理智地把学科知识传授给下一代不仅是一门真正意义上的学问，而且是一门比学科要更加复杂的科学。有鉴于此，我提出，运用协同学理论研究教学主客体关系。

1977 年，联邦德国斯图加特大学理论物理学教授赫尔曼·哈肯（Hermann Haken）在研究由大量要素（子系统）构成的、相互间存在着复杂的非线性相互作用的开放系统时，提出了协同学理论。

协同学提出，系统的协同作用是通过内部各个子系统之间的相互影响和相互作用，各个序参量之间的相互协同和相互竞争来实现的。一般来说，各个子系统既存在着无规则的独立运动，又存在着有序的关联运动。在外界控制参量处于某一范围、子系统的独立运动占主导地位时，系统处于无序状态；而当关联运动占主导地位时，系统进入有序状态。在临界点附近，有时系统同时具有几个序参量，每个序参量对应于一种宏观有序结构。如果它们的衰减速度相同，处于势均力敌的状态，彼此便自动协调，共同形成某一有序结构；但是，随着外界控制参量的变化，序参量之间的竞争将被激化；当控制参量达到临界值时，某一序参量将会取胜，其他序参量便会迅速衰减乃至消失，最后出现一个由阻尼系数小的序参量单独主宰系统演变的局面，形成相应的有序结构。

协同学发现，虽然各个子系统（如原子、分子、动物、植物、细胞、人乃至社会团体等）千差万别，但这些系统的相变条件和规律并不是子系统特点的反映而是子系统间协同作用的结果，从宏观演化上遵从着相同的数学规律。进一步，协同学把系统的变量分为受外界作用的控制变量和表示系统状态的状态变量。在系统未进入临界区域之前，控制参量的改变引起系统状态的平滑（量的）改变，控制参量控制着系统，只有当控制参量达到临界值时系统才能发生相变。当系统到达临界区域时控制参量的"控制"作用失效。

虽然，系统在进入临界区域前和进入临界区域后都是系统内大量子系统之间协同的结果，但两种方式存在明显区别。前者称为被组织系统，后者称为自组织系统。在被组织系统中，各个子系统如何动作和协调是靠外部指令操纵的，控制参量对系统能否发生相变的"控制"起决定性作用。而在自组织系统中，系统中形成的有序结构主要是系统内部因素自发组织起来建立的。

协同学是一门研究远离平衡的系统如何通过自己组织产生时间、空间或功能结构的横断科学。横断是指所研究的现象并不限于传统的某一门学科，自然界或人类社会中的各种现象原则上都是其研究对象。基于协同学的广泛适用性，特别是心理学家在脑、行为和认知方面研究的成功范例，我认为，采用协同学可以较好地描绘教学过程的机理，从而更科学地理解学习过程的规律性，并完备地认识教学主客体关系的真正意义。

如何看待教学过程中教师的作用？根据协同学理论，教学过程从无序到有序的转变可以分为被组织和自组织两个阶段。在教学过程的大部分时间里，系统都处于被组织阶段。在这一阶段，教师的讲授、引导、启发属于系统的控制变量，控制变量对系统能否发生相变起决定性作用，如果系统没有到达临界区域，就根本没有出现相变的可能性。因此，协同学认为：外界条件对于系统能否发生相变有着决定性的意义。从这里，可以清楚地看出，在教学过程的被组织阶段，只有通过教师的教学活动，才能使学生的学习系统向临界区域过渡，才能促使各个子系统完成量变的积累并最终达到质变。因此，我认为，在教学过程的被组织阶段，教师起主导作用，是教学过程的决定性因素。

怎样看待教学过程中学生的作用？同样，依据协同学理论，当教学过程进入从被组织向自组织转变的临界区域时，教学过程的转变不再需要外部指令。在这一阶段，只有通过学生的自主学习活动，才能使学生大脑中的大量子系统自行组织起来。此时，系统中一个随机的微小扰动或涨落，借助于非线性相干和连锁效应被迅速放大，表现为整体的宏观巨涨落，导致系统发生突变，使学生的大脑越过临界区域，形成新的有序结构，从而完成对知识的真正掌握。因此，我认为，在教学过程的自组织阶段，学生起主导作用，成为教学过程的决定性因素。

从协同学的观点看，教学过程的主要子系统——学习系统（学生）的演化规律决定着教学的主客体关系。因此，只有学生才是教学的主体，教师、教材和环境都是教学的客体。对这一观点的正确理解是：教师是客体并不等同于只起非决定性作用，学生是主体也并不意味着都起决定性作用，**它们在教学过程的不同阶段分别起决定性作用**。这一观点的重要意义不仅在于确定了教师与学生之间的主客体关系，而且在于确定了双方在教学过程不同阶段的决定性作用，如表 4-7 所示。

表 4-7

教学过程	教师（客体）	学生（主体）
被组织阶段	决定性作用	非决定性作用
自组织阶段	非决定性作用	决定性作用

植根于协同学的教学主客体关系理论，除了肯定师生双方在教学过程不同阶段的决定性作用外，还强调师生双方的协同作用。根据协同学理论，在系统从无序到有序的转变过程中，系统内的子系统自我排列、自我组织，似乎有一个"无形手"在操纵着这些成千上万的子系统，这个"无形手"就是序参量。即子系统的协同作用导致了序参量的产生，而产生的序参量又反过来支配着子系统的行为。序参量的支配行为正是非线性系统特有的相干性的表现，整体多于组成部分之和就是相干性的结果。实验表明，人的双眼视敏度比单眼高 6~10 倍。也就是说，$1+1 \neq 2$，$1+1=6\sim10$，双眼的视觉功

能大大超过两只单眼视觉功能的线性叠加。因此，教学中必须建立民主型的师生关系。师生之间、同学之间都可以展开讨论、争鸣，可以毫不相让，争持不下。一个原则，就是"真理面前人人平等"。正确终归要战胜谬误。重要的不是结果，而是通过师生双方的协同达到教学目的。

基于协同学的教学主客体关系理论，与我国传统教学理论是一致的。传统教学理论认为，教学过程包括"博学之，审问之，慎思之，明辨之，笃行之"。博学，要求老师要传授。审问与明辨，要求师生要互动。慎思与笃行，要求学生要自己建构与应用知识，如表 4-8 所示。

表 4-8

被组织阶段	协同与交互	自组织阶段
博学之	审问之，明辨之	慎思之，笃行之
老师讲授知识 学生接受知识	师生互动	学生自我建构、应用知识

根据上述理论，由于教师在教学被组织阶段起决定性作用，因此，教师必须进行必要的教学，这就从理论上为教师教学的必要性寻找到了根据。同样，因为学生在教学自组织阶段起决定性作用，因此，知识最终必须由学生自己来建构，这也从理论上为学生自我建构知识建立了依据。最后，由于系统从无序到有序的转变需要非线性相互作用，因此，就从理论上为教师与学生之间的协同与交互作用奠定了基础。

巴西教育家弗莱雷（Freire）在其名著《被压迫者教育学》中提出：教学的实质包括思维和行动两方面，教学不纯粹是语言上的交流，还应该包括实践行为的塑造。因此，教学中互动环节是行为塑造的核心手段，互动技能是教师中必不可少的教学技能。互动教学不是简单的一问一答，或者让学生讨论某个话题，它可以通过很多教学形式来实现，这就要求教学活动要丰富，互动形式新颖，学生要容易参与，教师反馈点评要到位。

3. 互动技能的构成要素

（1）表达关怀

表达关怀包括许多方面，比如，在讲课开始前，与同学寒暄几句，活跃课堂气氛。教师还可以采用走进学生的方法，与学生进行近距离的交流，体现对学生的关心。这种做法常常是在课堂小测验之后，或者课堂学生小组讨论之后进行。此外，教师在讲课过程中对学生露出笑容，让学生坐着回答问题，引用学生的回答等方式，也是行之有效的表达关怀的方式。最后，在课程结束时，表达对学生的美好祝愿，更是学生喜闻乐见的方式。

（2）激励学生

教师激励学生既可以是针对学生群体的激励，也可以是针对学生个体的激励。在针对学生个体的激励时，可以称赞学生是最优秀的，学生的答案超出了自己的预想，学生的前途不可限量等。

在课堂教学中，常常可以发现，有时学生可能碍于答案不确定、害羞等原因，不敢说出自己对问题的看法，也不愿意参与课堂互动。这时，教师可以针对学生群体进行激励，鼓励他们放心回答问题，大胆参与教学活动。

在激励学生方面，教师还可以介绍当代社会风云人物的成功经历，与学生分享学习的经验与体会。比如下面的这个真实故事，其中有诸多内容耐人寻味。

微信创始人张小龙：中国的乔布斯！

腾讯拥有 1700 多款产品，以及数以千计的产品经理。但进入公众视野、成为传奇的，迄今除了马化腾，就只有鼓捣出微信的张小龙。微信诞生仅两年多，目前注册用户突破3亿，覆盖200多个国家和地区。它让中国移动运营商颇感压力，而宿敌奇虎360CEO周鸿祎坦承，"自己50个产品加起来比不过一个微信"。很多网友更是把张小龙称为"中国的乔布斯"！这到底是一个怎样的牛人，他是如何创造青春神话的？

曾是"无业游民"

1987年，18岁的张小龙从湖南考入华中科技大学电信系。

1994年获硕士学位后，张小龙到广州一家软件开发公司当程序员，自称为"IT民工"。在这里，他利用业余时间写代码，开发了处女作Foxmail。

张小龙从公司辞职后，当起了"自由软件写作者"，也就是人们眼中的无业游民。

1998年的一天，刚出任金山软件CEO的雷军给张小龙发了一封邮件，问张小龙是否愿意把Foxmail卖给金山。此时，Foxmail的维护越来越让张小龙不堪重负、内心焦虑，想干脆一卖了之，开价仅15万元。

令人遗憾的是，雷军当时忙于联想注资的事，心无旁骛，而金山的谈判人员认为，金山自己也能做Foxmail，双方没谈拢。不料到2000年，官方统计的中国上网计算机总数有650万台，Foxmail却拥有了200万用户。

张小龙不停地改进软件，推出新版，但依旧赚不到钱。

那段时间，张小龙的名字频繁出现在媒体上，作为中国免费软件开发者悲剧性命运的代表性人物。在最困难的时候，他甚至萌生去美国打工做软件的念头。在那里，一个免费软件开发者也可以凭借广告、捐助，每个月有上万美元甚至更多的收入。

令张小龙做梦都没想到的是，2000年秋季，他生命中第一次重大转机出现了——博大软件宣布以 1200 万元收购 Foxmail。事后看来，这次收购针对的更像是张小龙这个人。张小龙随后进入博大任副总裁兼 CTO，成了国内第二代程序员中的领军人物。

5 年打拼成腾讯公司副总裁

2005 年 3 月 16 日，上市不久的互联网新贵腾讯宣布整体收购 Foxmail。张小龙再次成为自己作品的"陪嫁"，进入腾讯广州研发部，带领 QQ 邮箱团队与 MSN、GMAIL 等抗衡。他不再是一个简单的技术人员，而是踏上了产品经理人的新征程。

但张小龙产品经理人的征程走得并不顺利。他被马化腾寄予厚望，可接手后，便陷入对 MSN 的疯狂模仿迷局。半年后，一款被称为"巨无霸"的邮箱产品面世，但它无比笨重，速度超慢，基本没有操作的价值。

接下来的 3 年，张小龙度过了孤独寂寞的一段时光。也正因为如此，他有时间停下来抛开生硬冰冷的产品表面，去思考究竟如何赋予产品活的灵魂。

2006 年年底，转机出现。张小龙带领的邮箱团队决定放弃之前的打法，用精简、轻便的思路打造新版本。第二年春天，QQ 邮箱速度问题得到解决并上线，一切恢复正常，用户量开始缓慢增长。

随后，张小龙式的应用创新陆续面世。其中一个让 QQ 邮箱获得高人气的创新，是发送大容量附件功能——其他邮箱通常只能发送 5M 左右的附件，而它却将容量扩大到了 1G。

到 2008 年，QQ 邮箱已从濒死状态重获新生，荣膺腾讯公司七星级产品，张小龙的团队也获得了公司的年度创新大奖。据其团队成员统计，在张小龙的领导下，QQ 邮箱的创新点多达 400 多个。作为产品经理人，他再成翘楚。

2010 年 8 月 2 日，张小龙被任命为腾讯公司副总裁，具体负责腾讯公司广州研发部的管理工作，同时参与公司重大创新项目的管理和评审。

把 QQ 邮箱做到全国第一的位置，张小龙已有些意兴阑珊了。他在接受采访时曾说，自己进入了半退休的状态。实际情况是，他身体退休了，但思考一刻也没停过。

作为乔布斯的崇拜者，张小龙继续着自己对 iPhone5 的无限猜想。他希望它没有电话功能，可以省下大量话费，尽量减少被打扰；需要时，可以找到倾诉对象进行视频。最终，他的想法被自己的"微信"实现。

广州研发部争取到微信项目，缘于张小龙的敏锐。2010 年 10 月，他看到移动互联网领域即时通信工具米聊、Talkbox、Kik、Whatsapp 等不断出现，便给马化腾发了一个邮件，建议公司应启动手机通信工具类项目。马化腾同意由广州研发部作为研究性项目启动，并给产品取名"微信"。

一个月后，腾讯微信正式立项。按照张小龙的想法，如果能让大家体验到手机免费短信，微信肯定会被大家接受。因此，在微信 1.0 版本中，他率先推出了相当于免费发短信的文本功能，但用户新鲜感很快过去。在国内大大小小类似的应用产品中，微信很难抢占到用户的手机界面。在张小龙的带领下，从硬碰硬的产品层面，研发人员开始思索如何让产品有灵魂，满足人们日益增长的"贪欲"。

用微信改变 3 亿人生活

据张小龙介绍，微信的第一个转折点是对讲功能的实现；第二个转折点是寻找附近好友功能的发布；第三个转折点是摇一摇功能和漂流瓶的加入。

张小龙说，2011 年 1 月微信刚刚推出时，还没有人能想到它日后的辉煌。人们以为，微信不过是善于模仿的腾讯推出的又一款山寨产品。但到了 4 月，就没有人这么想了。当微信推出"寻找身边的人"功能时，用户数量增长曲线出现了一个陡峭的上升；而当"摇一摇"手机，就可以与千里之外同样在摇晃手机的人配对聊天时，微信真正引爆了。

在张小龙看来，如果一个产品的功能需要用提示框告诉人们如何使用，那么这一功能本身就是失败的。而从微信设置的插件进入界面，只有一个震动的手机，多数人看到这个界面会想当然地摇几下。随着来福枪声响起，用户的好奇心骤起：有谁和自己在同一时间摇呢？当然用户不一定要和对方建立联系。

细心的张小龙曾担心"摇一摇"会让女性朋友觉得烦，但女同事透露，实际她们私下里也在较量谁接到的招呼多，没有受打扰的感觉！

2012 年 8 月，腾讯微信推出 4.2 版本，微信用户可以视频通话了。作为腾讯广州研发部的"精神领袖"，张小龙提出了"人人都是产品经理"的口号。他认为，只有通过体验，才能观察到最人性化的需求。所以，在腾讯广州研发部出现一个有趣的现象：每当有新版本的产品或推出一个新功能，开发人员都要在第一时间冲去找保安，让他们先体验。

张小龙对产品的执著已经精确到了像素级别。他曾问微信的产品经理：微信 3.1 和 3.0 的会话列表有什么修改？大家都没有注意到，会话列表每一行的高度减少了两个像素，这在 iPhone 里用肉眼很难分辨，但他看出来了。

诞生仅两年多，微信就已经成为同类软件中的霸者，目前注册用户突破 3 亿，覆盖 200 多个国家和地区。它让中国移动运营商颇感压力，而宿敌奇虎 360CEO 周鸿也坦承，"自己 50 个产品加起来比不过一个微信"。很多网友更是把张小龙称为"中国的乔布斯"！

在中国，张小龙是极少数能够将个人风格投射于产品中的移动互联网人。这是人们喜欢把他和乔布斯联想在一起的一个理由。还有一个理由，就是他们的性格同样偏执、刚愎、追求完美，并且不怎么近人情。

张小龙是一个极"护犊"的人。对于在他的产品上动商业脑筋的想法，只要他认为会影响到用户体验，他就会像小动物警惕野兽时一样竖起全身的毛，不会有丝毫让步。开发产品时，往往收到很多来自公司高层的意见，他会解释为什么不能加，为什么不合适，坚持自己的想法。如果对方一定要加，他会说："等我离开腾讯你再加吧。"

针对微信商业化的批评，张小龙没有发表任何回应。他的团队只是默默地作出了新决策：公众平台上线后，为了防止出现微博的水军泛滥、频繁刷屏的局面，他硬性规定每个账号每天只能广播一条信息，即使是通过认证的加 V 账号，一天的上限也只有 3 条。在发现有些网站利用病毒式传播诱使用户扩散信息后，他更是毫不犹豫地砍掉公众账号内的页面直接读取功能，代之以不那么方便的微信中间页。面对叫苦连天的营销账号，他只是冷冷地在朋友圈上扔下一句话："从现在开始，微信安静了。"

（资料来源：致富时代 2014.09.17　责任编辑：陈一欣）

（3）频繁提问

提问其实在提问技能里已经探讨过了，然而，提问确实也是互动技能的一个重要方面。针对上面的例子，教师可以提出问题：

为什么是华中科技大学培养出了张小龙？

为什么雷军阴差阳错错过了张小龙？

为什么马化腾给了张小龙施展才华的舞台？

张小龙的成功是偶然的吗？

（4）展现幽默

教学幽默不是为了追求形式，更不是为了逗乐，而是用来服务于教学，增强教学效果的。

教学幽默属于一种回应技术。所谓回应就是借助一些超乎学生想象的语言，回应某个设计好的特定事物或现象，使学生在思考其内在联系时，产生愉悦的感受，大体可以分为五个方面：回应社会、回应知识点、回应历史、回应教师、回应学生。请看下面一个例子。

鸡一屁股坐地上了

图 4-9

一土豪朋友没读过书，生意却做的相当的大，我一直很好奇。今天去拜访他，终于找到了答案！

他儿子在做作业，有道题不会，叫我们帮忙！题目是：鸡和兔共15只，共有40只脚，鸡和兔各几只？我答，"设鸡的数量为X，兔的数量为Y"……我还没算出答案，朋友已给出了答案！他说你们这些念过书的人不残废才怪呢！

他的算法是：假设鸡和兔都训练有素，吹一声哨，抬起一只脚，40–15=25。再吹哨，又抬起一只脚，25–15=10，这时，鸡一屁股坐地上了，兔子还两只脚立着。所以，兔子有10÷2=5只，鸡有15–5=10只。所以他儿子数学总考第一。

这种算法，让奥数老师们情何以堪！只能感慨学习不能读死书啊！不然拼不过土豪呀。

（5）培养批判性思维

批判性思维是一种自我校准式的判断。它会产生解释、分析和评估。批判性思维的形式包括误导内容、质疑有争议的论据、在争论中识别假象。在教学中，教师常常利用否定方式推翻原有假设、产生是非标准、质疑社会上的某种观点、正误例子对比等方法，引导学生产生批判性思维。[1]

沈南鹏（风险投资家）是个数学天才，获得过全国中学生数学竞赛一等奖，1989 考入美国哥伦比亚大学数学系。1990 年，从哥伦比亚大学退学，到耶鲁大学管理学院攻读 MBA。 他的目标是到华尔街的公司工作，不过手拿着耶鲁大学的 MBA 的文凭也不管用。一次次的向华尔街投行投递简历，一次次的被拒绝，沈南鹏的这段经历并不好受。很多年后，沈南鹏对媒体说："我在毕业后找工作时很不顺利，被很多投行拒绝，但是谁都不会写这段，别人只是看到我今天的一点成功。"

最后沈南鹏获得了花旗银行的一次面试机会。投行的工作需要数据分析和判断，总会有一些投行在面试时注意到应聘者的数学能力，而这就是沈南鹏等待的机会。

面试题是这样的：

一个美国人在菜市场上做生意。第一次，用 8 美元买了一只鸡，9 美元卖了；第二次，用 10 美元买了同样一只鸡，11 美元又卖掉了，那么，这个美国人到底是赚了还是亏了？如果亏了，应该是亏多少？如果是赚了，应该赚多少？

那天早上，一共有 3 个人接受面试。第一位是美国人，名字记不得了；第二位是日本人，名字同样也记不得了；第三位是中国人，

---

[1] 北京市高校青年教师基本功比赛评价体系与案例研究课题组编：课堂教学技能与评价 [M]. 北京：高等教育出版社，2011.

名字叫沈南鹏。

美国人认为是赚了 2 美元，日本人认为是亏了 2 美元，沈南鹏认为是亏了 4 美元。

美国人理由如下：

同样的一只鸡，第一次买一只，第二次买一只。

第一轮交易：8 买 9 卖，9-8=1，赚了 1 美元。

第二轮交易：10 买 11 卖，11-10=1，赚了 1 美元。

两次交易相加：1+1=2，所以赚了 2 美元。

日本人理由如下：

同样的鸡，一口气买两只。

第一次交易：8 买 9 卖，9-8=1，赚了 1 美元。

第二次交易：8 买 11 卖，11-8=3，赚了 3 美元。

两次交易相加：1+3=4，本来是要赚 4 美元，但是，他只赚了 2 美元：（9-8）+（11-10）=2。

所以，2-4=-2，亏了 2 美元。

中国人（沈南鹏）的理由如下：

同样的一只鸡，一口气买两只。

一次交易：8 买 11 卖，（11-8）×2=6，可以赚到 6 美元。

但是，他只赚了 2 美元：（9-8）+（11-10）=2。

所以，2-6=-4，亏了 4 美元。

算出赚了 2 美元的，说明他是 100% 的保守派，走一步，算一步。

算出亏了 2 美元的，说明他保守一次，冒险一次。

算出亏了 4 美元的，说明他对自己非常自信，决定全力以赴，愿赌服输。

"风投"要求的回报率非常高，不然就不叫"风投"了。通常的情况下，风投公司投资 10 家公司，只要 1 家公司能赚钱，整体上就不亏了。

所以，投行项目经理的任务是，必须将现金利用到极限。这也是沈南鹏胜出的原因。

4. 互动技能的应用要点

（1）互动监控

教师在教学中运用互动技能时，要随时监控课堂互动的情况，并根据情况采取相应的措施。比如，要时刻用目光关注学生的反应，当观察到有学生具有回答问题的意向时，教师应该及时进行回应，鼓励学生大胆说出自己的想法。

（2）反馈点评

在课堂互动过程中，当同学说出自己的观点时，教师要马上进行回应，并认真倾听。如果学生的观点正确，教师要进行专业的点评，并进一步表达肯定和赞扬，从而鼓励学生的课堂参与与互动。

（3）寻求共鸣

共鸣本来是一个物理学的名词。一般地说，声音是由物体的振动引起的。例如，打鼓的时候，鼓皮一上一下地振动，于是在空气中引起声音。不同物体振动产生不同的频率的声音。如大鼓和小鼓的声音，频率就不一样。有趣的是：两个发声频率相同的音叉，如果彼此相隔不远，那么使其中一个发声，另一个也就有可能跟着发声，这种现象就叫"共鸣"。

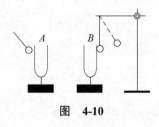

图 4-10

由共鸣的意义可知，课堂互动过程的最高境界是师生之间的共鸣，也就是说，学生的想法和教师的想法发生了相互作用并且达成了一致，这才是互动技能最本质的诠释。在这个意义上说，没有师生共鸣的互动不是真正意义上的互动。

（4）课堂控制

在最基本的认识层面，应该说，课堂教学过程本质上是一个控制过程。这是因为，作为一种简约化的教育，课堂教学要求在规定的时间内完成规定的教学内容。因此，无论是教师的讲授、演示，包括师生互动在内，都要求控制在一定的时间范围内。当互动超出了预先设计的时间范围时，教师要及时地加以控制，根据情况，使互动加快或结束互动。所以，课堂控制是互动技能应用的一个重要方面。

5. 互动技能的评价内容与标准

表 4-9　互动技能的评价内容与标准

评 价 内 容	评 价 标 准				
	优	良	及格	不及格	权重
1. 表达热情					0.10
2. 表达关怀					0.10
3. 激励学生					0.12
4. 寻求共鸣					0.10
5. 课堂监控					0.12
6. 提问					0.08
7. 组织互动					0.10
8. 反馈点评					0.08
9. 幽默					0.12
10. 培养批判性思维					0.08